101 Dinge, die man über die Feuerwehr wissen muss

FEUERWEHR
OTTOBRUNN
112

Bildnachweis

Seite 2: FF Ottobrunn; Seite 7 oben: Klaus Fischer; Seite 9: Gerlach Fronemann; Seite 11/12: Klaus Fischer; Seite 13: Public Domain; Seite 15: Klaus Fischer; Seite 16: picture alliance/SZ Photo; Seite 18/19: Klaus Fischer; Seite 20: Archiv FF Ottobrunn; Seite 23: Eduard Klas; Seite 24: Rico Löb; Seite 25: LFV Bayern; Seite 26; picture alliance/SZ Photo; Seite 27: Museumsarchiv Feuerwehr Frankfurt a.M; Seite 28: Klaus Fischer; Seite 29: Rico Löb; Seite 30; FF Kronach; Seite 33: picture alliance/SZ Photo; Seite 34: Karl-Heinz Schalk; Seite 35/36/37: Klaus Fischer; Seite 39: Archiv FF Ottobrunn; Seite 40/41: FF Laar; Seite 42: Karsten Hieke; Seite 43: Pressefoto Krupp; Seite 45: Bayerisches Landesamt für Brand- und Katastrophenschutz; Seite 47: Klaus Fischer; Seite 48/49: Marcus Ernst; Seite 50/51: Wilhelm Deml; Seite 52: picture alliance/akg-images; Seite 53: Jan-Erik Hegemann/Feuerwehr-Magazin; Seite 55: Sammlung Lothar Zinke; Seite 56/57: Rainer Sadowski; Seite 58: FF Ottobrunn; Seite 59 oben: Stefan-Xp, CC BY-SA 3.0; Seite 60: FF Ottobrunn; Seite 61: U.S. Air Force photo by Staff Sgt. Daryl McKamey – Gemeinfrei; Seite 62: FF Ottobrunn; Seite 63: Pressefoto Krupp; Seite 64: FF Ottobrunn; Seite 65: Wilhelm Deml; Seite 67: picture-alliance/Mary Evans Picture Library; Seite 68/69: Bayerisches Landesamt für Feuerschutz; Seite 70/71: Archiv FF Ottobrunn; Seite 73: FF Ottobrunn; Seite 75: Archiv FF Ottobrunn; Seite 76: Klaus Fischer; Seite 77: Pressefoto Schmitz; Seite 79: Till Niermann CC BY 3.0; Seite 80: FF Ottobrunn; Seite 81: Klaus Fischer; Seite 83: Gingco.net Werbeagentur; Seite 84/85/86/87: Archiv des Landesfeuerwehrverbandes Niedersachsen; Seite 88: picture-alliance/dpa; Seite 91: picture-alliance/dpa; Seite 93: Gemeinfrei; Seite 95: Archiv des Landesfeuerwehrverbandes Niedersachsen; Seite 97: picture-alliance/dpa; Seite 99: Rico Löb; Seite 100/101: Mathias Brekle; Seite 101: Staatliche Feuerwehrschule Regensburg; Seite 102: Mathias Brekle; Seite 103: Symbolbild SMI / Archiv „Feuerwehr Aktuell"; Seite 104/105: Klaus Fischer; Seite 105 unten: Steffen Ludewig; Seite 107: FF Ottobrunn / Fotostudio Monika Wrba; Seite 108/109/110/112: FF Ottobrunn; Seite 113: Klaus Fischer; Seite 114: FF Ottobrunn; Seite 115: Pressefoto Rosenbauer; Seite 116/117: Klaus Fischer; Seite 119: FF Ottobrunn; Seite 121/122/124: Klaus Fischer; Seite 125: FF Ottobrunn; Seite 126: Public Domain; Seite 127: FF Ottobrunn; Seite 128/129: FF Wassenberg IuK-Gruppe; Seite 130/131: Historisches Archiv MAN Truck & Bus; Seite 132/133: Klaus Fischer; Seite 135: Klausmartin Friedrich; Seite 136–170: Klaus Fischer; Seite 171 oben: Klaus Fischer; Seite 171 unten: Wilfried Wellner; Seite 172: Sammlung Wolfgang Rotter; Seite 173: Rosenbauer; Seite 175/176: Klaus Fischer; Seite 177/178: Jürgen Kiefer; Seite 180: Archiv des Landesfeuerwehrverbandes Niedersachsen; Seite 181: Joachim Oberhardt; Seite 182: Klaus Fischer; Seite 183: Feuerwehrmuseum Bayern; Seite 184: Archiv UB-Feuerwehr; Seite 185: Thomas Pongratz; Seite 187/188: SammlungLothar Zinke; Seite 190: Bayerisches Landesamt für Feuerschutz; Umschlagklappen innen: FF Ottobrunn

Impressum

Verantwortlich: Lothar Reiserer
Redaktion & Lektorat: Birgit Günther
Umschlag: Lothar Reiserer unter Verwendung folgender Bilder –
Umschlagvorderseite Klaus Fischer
Umschlagrückseite Pressefoto Krupp, Pressefoto Rosenbauer
Korrektorat: Ralf J. Klumb | The Wordworms
Layout: BUCHFLINK Rüdiger Wagner
Repro: LUDWIG:media
Herstellung: Vanessa Brunner
Printed in Europe by GPS Group

★★★★★

Sind Sie mit diesem Titel zufrieden? Dann würden wir uns über Ihre Weiterempfehlung freuen.
Erzählen Sie es im Freundeskreis, berichten Sie Ihrem Buchhändler oder bewerten Sie bei Ihrem nächsten Onlinekauf. Und wenn Sie Kritik, Korrekturen oder Aktualisierungen haben, freuen wir uns über Ihre Nachricht an Bruckmann Verlag, Postfach 40 02 09, D-80702 München oder per E-Mail an lektorat@verlagshaus.de.

Unser komplettes Programm finden Sie unter www.geramond.de

In diesem Buch wird aus Gründen der besseren Lesbarkeit das generische Maskulinum verwendet. Weibliche und anderweitige Geschlechteridentitäten werden dabei ausdrücklich mitgemeint, soweit es für die Aussage erforderlich ist.

Die Deutsche Nationalbibliothek verzeichnet diese Publikation in der Deutschen Nationalbibliografie; detaillierte bibliografische Daten sind im Internet über http://dnb.d-nb.de abrufbar.

3. Auflage

ISBN: 978-3-95613-069-4

Klaus Fischer • Lothar Zinke

101 Dinge die man über die Feuerwehr wissen muss

GeraMond

Inhalt

Vorwort

Feuerwehrleute stehen ganz oben. Nicht nur auf der 30 Meter hohen ausgefahrenen Drehleiter, wenn sie einen Dachstuhlbrand löschen oder eine erkrankte Person aus einer Wohnung retten. Feuerwehrleute stehen ganz oben im Ansehen der Bevölkerung. Umfragen zu den angesehensten und beliebtesten Berufen führen Feuerwehrleute an. In Deutschland und auch weltweit.

Feuerwehrmann, Lokführer oder Astronaut gehören klassisch zu den Berufswünschen von Kindern. Und auch hier rangieren Feuerwehrfrauen und Feuerwehrmänner ganz vorne. Eine Million sind es in Deutschland. Nur die wenigsten verdienen damit ihren Lebensunterhalt, weil es ihr Beruf ist. Für die allermeisten ist es Berufung. Der Schutz und die Rettung der Mitbürger aus Notsituationen liegen mehrheitlich in den Händen von Freiwilligen, also engagierten Männern und Frauen, die sich in ihrer Freizeit Technik, Feuerwehrtaktik und Ausrüstung aneignen, um qualifiziert zu helfen. So intensiv, wie dies in Deutschland, Österreich und Südtirol gelebt wird, ist es ein weltweit einzigartiges System.

Was macht die Feuerwehr? Wie rettet die Feuerwehr? Womit arbeitet die Feuerwehr? Wer ist die Feuerwehr? Auf diese und viele weitere W-Fragen möchte Ihnen dieses Buch eine Antwort geben. Wer einmal hineinschnuppert in das Thema, der findet so viele Themen, dass „101 Dinge" bei Weitem nicht ausreichen. Daher mussten wir uns auf eine Auswahl beschränken, um Ihnen dieses Thema nahezubringen.

Die letzte W-Frage: Warum haben wir dieses Buch geschrieben? Weil wir beide begeisterte Feuerwehrmänner sind. Der eine im Hobby, der andere zeitweise im Beruf. Wir möchten unsere Faszination für dieses schöne und wertvolle Ehrenamt weitergeben. Wir möchten Sie als Leser begeistern und Sie bestärken, diese Aufgabe zu übernehmen. Als Bereicherung für ihr Leben und als Bereicherung für unsere Gesellschaft.

Viel Freude mit diesem Buch wünschen Ihnen
Klaus Fischer und Lothar Zinke

Was ist die Feuerwehr?

1

Das Feuerwehrwesen in Deutschland

Wenn es brennt, wenn Hilfe benötigt wird, wählt man die Notrufnummer 112 und die Feuerwehr rückt an. Es gilt als Selbstverständlichkeit, dass diese Hilfe schnell und kompetent erfolgt. Die Erwartungshaltung der Bevölkerung ist genauso groß wie das Vertrauen in die Feuerwehr als Retter in der Not.

Die Feuerwehr ist eine Hilfsorganisation. Ihre Aufgaben sind die Brandbekämpfung und der technische Hilfsdienst. Dafür stehen die vier Schlagwörter „Retten – Löschen – Bergen – Schützen". Je nach Organisationsform unterscheidet man in Freiwillige Feuerwehren, Berufsfeuerwehren, Pflichtfeuerwehren, Werk- und Betriebsfeuerwehren.

Wem gehört die Feuerwehr?

Es gehört zu den Pflichtaufgaben jeder Kommune, dafür zu sorgen, dass Brände bekämpft und technische Hilfe bei Unglücksfällen geleistet wird. Somit hat in Deutschland jede Gemeinde eine Feuerwehr. Ob dieses eine einzige Feuerwehr mit mehreren Ortswehren ist oder ob es mehrere eigenständige Wehren im Gemeindegebiet sind, das wird von Bundesland zu Bundesland unterschiedlich gehandhabt und hat oft historische Gründe.

Um die Ausstattung mit Gerätehaus, Fahrzeug und Geräten muss sich die Gemeinde kümmern. Somit kommen die Anschaffungen nicht den Feuerwehrleuten als „neue Spielzeuge" zu Gute, wie manchmal in der Presse zu lesen ist. Die Ausrüstung dient einzig und alleine dem Zweck, Mitbürgern in Not zu helfen. Oberster Dienstherr der Feuerwehr auf kommunaler Ebene ist der Bürgermeister. Die Leitung des Dienstbetriebs und der Einsätze obliegt dem Kommandanten.

Zusätzlich zu den kommunalen Feuerwehren gibt es in speziellen Betrieben und Einrichtungen mit einem erhöhten Gefahrenpotenzial Be-

Bundeskanzlerin Dr. Angela Merkel

„Dass wir die Tradition der Freiwilligen Feuerwehren seit Mitte des 19. Jahrhunderts so erhalten konnten, ist ein gutes Stück Deutschland. Sie haben einen festen Platz in unseren Herzen – wir alle wollen sicher leben und sind dankbar, dass es Sie gibt." (Aus dem Grußwort zum 12. Berliner Abend des Deutschen Feuerwehrverbandes am 17.05.2017)

Straße der Feuerwehr im sächsischen Oelzschau

triebs- und Werkfeuerwehren, die von den Unternehmen eingerichtet und ausgestattet werden.

Wer arbeitet bei der Freiwilligen Feuerwehr?

Die Frauen und Männer der Freiwilligen Feuerwehren (FF) sind, wie der Name sagt, freiwillig bei der Feuerwehr tätig. Sie leisten ihren Dienst ehrenamtlich, also unentgeltlich. Lediglich die Lohnfortzahlung ist gesichert, wenn sie während der Arbeitszeit an Einsätzen teilnehmen oder Lehrgänge besuchen. Denn aus der Mitwirkung in der Feuerwehr darf ihnen kein Nachteil entstehen. Üblicherweise tritt man der Feuerwehr der Gemeinde oder des Ortsteiles bei, in dem man wohnt. Denn bei Alarm sind kurze Wege zum Gerätehaus ausschlaggebend, um sehr zügig ausrücken zu können. In den letzten Jahren haben die Brandschutzgesetze die Möglichkeiten geschaffen, zusätzlich zum Wohnort auch am Arbeitsort Feuerwehrdient zu leisten. Diese Doppelmitgliedschaft in zwei Wehren trägt zur Absicherung der Personalverfügbarkeit bei. Die Brandschutzgesetze der Länder legen das Eintrittsalter fest und das Alter, in dem der aktive Einsatzdienst beendet werden muss.

Pflichtfeuerwehr und Berufsfeuerwehr

Pflichtfeuerwehren müssen Kommunen dann einrichten, wenn sich nicht ausreichend viele Mitbürger für diese Aufgabe finden. Aktuell handelt es sich um einstellige Zahl unter den 24.175 Wehren in Deutschland. Berufsfeuerwehren (BF) gibt es aktuell nur in 116 Städten Deutschlands. Dort leisten verbeamtete oder fest angestellte Einsatzkräfte den Dienst in Schichten rund um die Uhr. In einigen Bundesländern gibt die Einwohnerzahl – zumeist sind es über 100.000 – oder der Status als kreisfreie Stadt den Ausschlag, eine Berufsfeuerwehr einzurichten. Die älteste deutsche Berufsfeuerwehr findet sich in Berlin. Sie wurde 1851 gegründet. Jüngere Gründungen sind Siegen (2023), Ulm (2025) und Halberstadt (2026). Trotzdem haben alle Städte mit einer Berufsfeuerwehr auch eine Freiwillige Feuerwehr.

Ein bisschen Statistik

2

1.084.323 Einsatzkräfte für 1.587.534 Einsätze

Der Deutsche Feuerwehrverband veröffentlicht jedes Jahr eine umfangreiche Statistik. Hierfür übermitteln die Kommunen und Landkreise ihre Zahlen an das Innenministerium ihres Landes. Diese reichen das Zahlenwerk weiter an den Verband. Die Trends sind seit Jahren eindeutig:

- Die Anzahl der Feuerwehren nimmt durch Schließungen und Zusammenlegungen von Standorten ab.
- Die Zahl an Einsatzkräften sinkt, obwohl sich immer mehr Frauen engagieren.
- Für die Nachwuchsgewinnung gründen die Wehren zunehmend Jugendgruppen, die von Jahr zu Jahr mehr Mädchen begeistern.
- Bei den Einsatzzahlen verschiebt sich der Anteil von der Brandbekämpfung hin zu den Technischen Hilfeleistungen.
- Die zunehmende Einsatzbelastung fordert die freiwillig Tätigen sehr.

		1992	2022
Feuerwehren	Gesamtzahl	24.455	24.174
	Freiwillige Feuerwehren	23.579	23.297
	Berufsfeuerwehren	99	116
	Werkfeuerwehren	777	761
Einsatzkräfte	Gesamtzahl	1.190.936	1.084.323
	Freiwillige Feuerwehren	1.133.620	1.014.953
	Berufsfeuerwehren	28.256	38.754
	Werkfeuerwehren	29.060	33.616
	Anteil Frauen	4 %	11 %
Jugend-feuerwehren	Anzahl	8884	23.934
	Mitglieder	141.112	332.442
	Anteil Mädchen	13 %	31 %
Einsätze	Gesamtzahl	1.048.579	1.587.534
	Anteil Freiwillige Feuerwehren	43 %	55 %
	Anteil Berufsfeuerwehren	47 %	38 %
	Anteil Werkfeuerwehren	10 %	7 %
	davon Brandbekämpfung	22 %	14 %
	davon Technische Hilfeleistungen	47 %	48 %
	davon Tiereinsätze	3 %	3 %
	davon Fehlalarmierungen	20 %	25 %
	davon Sonstige Feuerwehreinsätze	8 %	10 %

Angaben zum 31.12. des Jahres; ohne Rettungsdiensteinsätze und Krankentransporte

Die größte Feuerwehr in Deutschland

3

Berlins Feuerwehr leistet über 1450 Einsätze pro Tag

Kranwagen und Rüstwagen arbeiten eng zusammen im Technischen Dienst der Berliner Feuerwehr. Hier stehen sie vor dem Berliner Olympiastadion von 1936.

Die mit etwa 1700 ehrenamtlichen und etwa 3900 beruflichen Feuerwehrkräften größte deutsche Feuerwehr bewältigte im Jahr 2024 sage und schreibe gut 532.000 Einsätze – laut Jahresbericht so viele wie noch nie in ihrer Geschichte. Zu den Aufgaben der Brandschützer der Bundeshauptstadt gehören die Notfallrettung, die Brandbekämpfung, die Technische Hilfeleistung, der Katastrophenschutz und die Gefahrenprävention.

91 Prozent der Einsätze im Rettungsdienst

Mit 9732 Bränden stieg der Anteil der Löscheinsätze um 9 Prozent gegenüber dem Vorjahr. Weitere beeindruckende Zahlen für das Jahr 2024 sind 14.714 Technische Hilfeleistungen, 466.084 Rettungsdiensteinsätze, 20.129 Notfalltransporte, 6689 Fehleinsätze und 14.809 Erkundungen. In Summe also 532.157 Einsätze, die die Leitstelle der Berliner Feuerwehr in 366 Tagen abzuarbeiten hatte. Abgewickelt wurden sie von den

Über 180 Löschfahrzeuge zählt der Fuhrpark der Berliner Feuerwehr.

Einsatzkräften in 36 Feuer- und 43 Rettungswachen sowie 59 Freiwilligen Feuerwehren. Die Freiwillige Feuerwehr gliedert sich in Berlin in 38 Wachen mit eigenen Ausrückbereichen, vor allem in den Außenbezirken der Stadt, und 21 Freiwilligen Feuerwehren, die auf Wachen der Berufsfeuerwehr in der Innenstadt stationiert sind. Diese Kameraden leisten pro Monat zehn Stunden Regeleinsatzdienst und unterstützen die Berufsfeuerwehr bei besonderen Anlässen wie in der Silvesternacht, bei wetterbedingten Ausnahmezuständen oder bei großen und personalintensiven Einsätzen.

Exakt 1094 Fahrzeuge in Berlin

Um die Einsätze auf der riesigen Stadtfläche von 891,12 Quadratkilometern (Nord-Süd-Ausdehnung 38 km, Ost-West-Ausdehnung 45 km) mit rund 3.900.000 Einwohnern und täglich über 1 Million Pendlern und Touristen ordentlich zu bewältigen, unterhält die Stadt einen beeindruckenden Fuhrpark. Neben 224 Löschfahrzeugen sind das 50 Drehleitern, 29 Rüst- und Gerätewagen, 313 Rettungsdienstfahrzeuge und 44 Boote – in Summe rund 1100 Fahrzeuge.

Mit den Standardfahrzeugen auf den Feuerwachen (Löschfahrzeug, Drehleiter, Rettungswagen) können rund 98 Prozent aller Einsätze bewältigt werden. Für besondere Einsatzlagen stehen auf den beiden Feuerwachen Charlottenburg-Nord und Marzahn der sogenannte Technische Dienst mit Sonderfahrzeugen wie Feuerwehrkränen, Rüst- und Gerätewagen oder Abrollbehältern bereit. Fahrzeuge für Gefahrguteinsätze sowie Großtank- oder Sonderlöschfahrzeuge stehen auf Feuerwachen im ganzen Stadtgebiet verteilt. Für die Ölbekämpfung auf Gewässern ist die Feuerwache Spandau-Süd besonders ausgerüstet und für Einsätze in großen Höhen und Tiefen ist auf der Feuerwache Marzahn der Höhenrettungsdienst stationiert.

Internationale Aktivitäten

4

Der Weltfeuerwehrverband fördert Wissenstransfer, Jugendarbeit und Feuerwehrsport

Wenn sich Feuerwehrleute aus vielen Ländern zur Feuerwehrolympiade und den Internationalen Jugendfeuerwehrwettkämpfen treffen, tritt der Weltfeuerwehrverband CTIF (Comité Technique International de prévention et d'extinction du Feu, Internationales Technisches Komitee für vorbeugenden Brandschutz und Feuerlöschwesen) als Ausrichter in Erschei-

Der Hamburger Branddirektor Adolph Libert Westphalen war 1900 Gründungsmitglied und Vizepräsident des Weltfeuerwehrverbandes.

nung. Doch der Weltfeuerwehrverband, der Zusammenschluss von Feuerwehren aus derzeit 40 Länder und 72 assoziierten Mitgliedern (Unternehmen, Verbände, Organisationen, Privatpersonen) aus Europa, Amerika und Asien leistet viel mehr. Ihren Sitz hat die Vereinigung in Ljubljana, aktueller Präsident ist der Slowene Milan Dubravac.

Als Großer Internationaler Feuerwehrrat wurde die Organisation bereits im August 1900 gegründet. Der erste Präsident war Graf Paul Kamarowsky, der Vertreter der Feuerwehrvereinigung Russlands, seine Vizepräsidenten waren Kommandant Cazier aus Frankreich und der Hamburger Branddirektor Adolph Libert Westphalen. Um die Entwicklung des Brandschutzes länderübergreifend zu fördern, organisiert das CTIF in regelmäßigen Abständen Kongresse und Symposien.

Ein Schwerpunkt ist die Jugendarbeit

Heute hat sich der CTIF die Förderung der weltweiten Zusammenarbeit zwischen Feuerwehrmitgliedern und weiteren Experten im Feuerwehr- und Rettungswesen sowohl in technischen Bereichen als auch auf kameradschaftlicher Ebene auf die Fahne geschrieben. Er repräsentiert die Interessen von etwa 300.000 beruflichen und etwa sechs Millionen freiwilligen Mitgliedern der Feuerwehren. Und er trägt wesentlich zur Entwicklung der Jugendfeuerwehren bei, in denen in Europa etwa 900.000 Mädchen und Jungen organisiert sind.

Jährlich finden Symposien zu Fragen des Vorbeugenden Brandschutzes und der Brandbekämpfung statt und in international besetzten Kommissionen beschäftigt man sich mit Themen wie dem Ärztlichen Dienst bei der Feuerwehr, Waldbränden, Gefährlichen Gütern, Feuerwehr- und CTIF-Geschichte, Feuerwehrmuseen und Dokumentation sowie Jugendleitern und Internationalen Feuerwehrwettbewerben.

Die Vereinigung veröffentlicht Fachinformationen wie zur Notwendigkeit von Heimrauchmeldern oder von Drohnen im Feuerwehreinsatz. Den internationalen Aspekt verdeutlichet das „Handbuch für grenzüberschreitende Zusammenarbeit bei Waldbrandbekämpfung“ mit Begriffen in Englisch, Französisch, Italienisch, Spanisch, Portugiesisch und Griechisch. Jährlich erscheint „Die Weltfeuerwehrstatistik“. Außerdem organisiert das CTIF alle vier Jahre die Internationale Feuerwehrolympiade und alle zwei Jahre die Internationalen Jugendfeuerwehrwettkämpfe. Zu beiden international beachteten Veranstaltungen kommen tausende Feuerwehrleute, beispielsweise Mädchen und Jungen des Feuerwehrnachwuchses, zusammen, um sich im sportlichen Wettbewerb zu messen und die internationale Kameradschaft zu pflegen.

Notruf 112

5

11. Februar – Tag des Notrufs 112

Mit der 112 erreicht man in ganz Europa gebührenfrei aus allen Netzen – auch über Mobilfunk – die Feuerwehr und den Rettungsdienst. Diese Nummer kann im wahrsten Sinn des Wortes Leben retten und auf sie ist das ganze Jahr über Tag und Nacht Verlass. Die Nummer gilt auch in der Türkei und Russland. In den USA und Kanada wird die 112 auf die nordamerikanische Notrufnummer 911 umgeleitet.

Die Notrufnummer 112: drei Ziffern, die Leben retten können

Im Notfall richtig verhalten: die 4 Ws für den Notruf

Wo ist der Notfallort? Je genauer die Ortsangabe gemacht werden kann, umso rascher kann Hilfe eintreffen. Nennen Sie also nach Möglichkeit Ortsname, Straße, Hausnummer und Hinweise wie das Stockwerk. Auf Straßen und Autobahnen sind die Fahrtrichtung und die Kilometerangabe wichtig.

Was ist passiert? Beschreiben Sie in wenigen Worten, was Sie sehen und was passiert ist. Beispielsweise Brand, Verkehrsunfall, eingeklemmte Person oder umgestürzter Baum.

Wer ruft an? Geben Sie Ihren Namen, Standort und die Telefonnummer für Rückfragen an.

Warten Sie auf Rückfragen! Legen Sie nicht gleich auf! Die Mitarbeiter der Notrufzentrale benötigen von Ihnen vielleicht noch weitere Angaben oder geben Ihnen wichtige Hinweise und Anweisungen.

Tipp für Eltern

Sprechen Sie mit ihren Kindern über die Bedeutung der Notrufnummer 112. Spielen Sie kleine Fallbeispiele durch, damit die Kinder im Gespräch die 4 Ws anwenden können. Ein Beispiel könnte sein: Kinder entdecken beim Spazierengehen einen rauchenden Abfalleimer an der Bushaltestelle.

Der Weg eines Notrufs

6

Telefonisch zur Leitstelle, per Funk zur Feuerwehr

Wer 112 auf seinem Telefon eintippt und auf schnelle Hilfe wartet, für den können sich Minuten zu Stunden dehnen. Der Notruf trifft zunächst in einer Leitstelle ein, die rund um die Uhr besetzt ist. Je nach Bundesland handelt es sich dabei um eine Kooperative Leitstelle, eine Kreisleitstelle oder eine Integrierte Leitstelle, die für mehrere Landkreise den Einsatz von Rettungsdienst und Feuerwehr koordiniert. In der Leitstelle nimmt ein Disponent den Notruf entgegen. Er erfragt vom Anrufer nach strukturierter Notrufabfrage die wichtigen Informationen: Wo ist was passiert, wie viele Personen sind betroffen? Auch

Der Disponent in der Einsatzleitstelle nimmt Notrufe entgegen und alarmiert Feuerwehr und Rettungsdienst

möchte er wissen, wer anruft und wie man ihn für Rückfragen erreichen kann und gibt gegebenenfalls Hilfestellung am Telefon. Während des Telefonats gibt er diese Informationen zusammen mit einem Alarmstichwort in die Abfragemaske seines Einsatzleitrechners ein.

Computergestützte Einsatzdisposition

Der Computer erstellt daraufhin einen Vorschlag, welche Einheiten der Feuerwehr und des Rettungsdienstes alarmiert werden sollen und welche anderen Organisationen, beispielsweise Polizei, zu verständigen sind. Dazu ist für jedes Alarmstichwort das passende Fahrzeug der Feuerwehr oder des Rettungsdienstes hinterlegt. Der Rechner prüft, ob die nächstgelegene Feuerwehr oder das nächste Rettungsmittel einsatzbereit ist oder von welchem anderen Standort sie angefordert werden müssen, um möglichst rasch vor Ort zu sein. Wenn der Disponent den Vorschlag zur Alarmierung freigibt, dann sendet der Rechner über einen Alarmgeber den Alarmruf aus, der die Sirene heulen lässt und die Funkalarmempfänger auslöst.

Stiller Alarm statt Sirenengeheul

Früher gehörte eine Sirene auf jedes Feuerwehrgerätehaus. Lief sie an, weckte sie den ganzen Ort auf. Nicht nur die Feuerwehrleute eilten zum Gerätehaus, mitunter machten sich dann auch die Schaulustigen auf den Weg. „Stille Alarmierung“ nennt man daher die Funkwecker, die die Einsatzkräfte überall hin mitnehmen. Das Gerät vibriert und gibt einen lauten Ton ab. Für Angehörige und Nachbarn mag das zwar keine stille Alarmierung sein, aber die Bevölkerung wird nicht gestört.

Ab der Alarmierung läuft die Zeit für die Einsatzkraft, denn sie muss jetzt schnellstmöglich zum Feuerwehrhaus oder der Feuerwache der Freiwilligen Feuerwehr. Je nach Entfernung zu Fuß, mit dem Fahrrad, Moped oder Auto. In vielen Gerätehäusern trifft mit der Alarmierung ein Fax mit der Alarmmeldung ein. Über Funk fragt der Erste, der am Gerätehaus ankommt, nach Alarmadresse und Einsatzauftrag. In die Einsatzkleidung schlüpfen, das von der Ausrückeordnung her vorgesehene Fahrzeug besetzen, über Funk die Statusmeldung zum Ausrücken an die Leitstelle übermitteln und ausrücken – das geht dann alles sehr zügig, denn darin haben die Einsatzkräfte Routine.

Mit Blaulicht und Martinshorn bahnen sich die Fahrzeuge anschließend ihren Weg zum Einsatzort. Andere Verkehrsteilnehmer haben ihnen laut § 38 StVO unverzüglich freie Bahn zu verschaffen, wenn höchste Eile geboten ist.

Automatischer Alarm

7

Brandmeldeanlagen entdecken Feuer und alarmieren die Feuerwehr

Das Schild BMZ in schwarzer Schrift auf weißem Grund mit rotem Rand fällt an Gebäuden auf. Es gibt der Feuerwehr eine Orientierung, wo sie die Brandmeldezentrale und den Feuerwehr-Schlüsselkasten findet, um im Alarmfall außerhalb der Geschäfts- oder Arbeitszeit das Gebäude betreten zu können.

Unscheinbar in der Außenwand des Gebäudes ist der Feuerwehrschlüsselkasten eingebaut. Dieser lässt sich nur öffnen, wenn die Brandmeldeanlage ausgelöst hat.

Brandmeldeanlagen sollen rechtzeitig einen im Entstehen befindlichen Brand entdecken, anwesende Personen warnen und die Feuerwehr automatisch alarmieren. Dazu befinden sich in den zu schützenden Räumen an der Decke Brandmelder. Sie reagieren auf Rauch oder Hitzeentwicklung und senden ein Signal an die Feuerwehr-Einsatzzentrale. Diese löst den Alarm für die Feuerwehr aus. Dasselbe passiert auch bei Feuermelder, die an der Wand montiert sind, und die man bei Entdecken eines Brandes einschlägt, um den Melderknopf zu drücken.

Die Feuerwehr hat Zugang zu Gebäudeschlüsseln

Um Missbrauch zu verhindern, entriegelt sich der Feuerwehrschlüsselkasten nur bei Alarm. Mit einem Generalschlüssel öffnet die Feuerwehr den darin eingebauten Tresor und entnimmt ihm den Gebäudeschlüssel. In der Brandmeldezentrale sehen die Einsatzkräfte, welcher Melder ausgelöst hat, und wie die Einsatzkräfte dorthin gelangen, um die Ursache des Alarms zu erkunden. Nicht immer handelt es sich um einen Brand. Mitunter wird auch ein Fehlalarm ausgelöst, beispielsweise wenn durch Bauarbeiten heftig Staub aufgewirbelt wird oder wenn beim Kochen dichter Wasserdampf aufsteigt.

Das Schild „BMZ" weist auf den Standort der Brandmeldezentrale hin

Die Landesbauordnung schreibt vor, wo Brandmeldeanlagen zu installieren sind. Dazu gehören Schulen, Versammlungsstätten, Hotels, Alten- und Pflegeheime, große Verkaufsstätten, ausgedehnte Tiefgaragenanlagen, Hochregallager und Firmengebäude. Dort können die Nutzung, die Größe der Geschossfläche, der Umgang mit oder die Lagerung von gefährlichen Stoffen den Ausschlag geben, eine solche Anlage zu montieren. Je nach Brandgefahr ist in manchen Objekten eine Sprinkleranlage eingebaut.

Sprinkleranlagen bei der Brandbekämpfung

Das bedeutet, dass Wasserleitungen an der Decke verlegt sind. Bricht ein Feuer aus, schmilzt durch die aufsteigende Hitze eine Sicherung im Sprinklerkopf und Wasser ergießt sich über die Brandstelle. Zum einen kann so der Brand in der Ausbreitung behindert oder gelöscht werden. Zum anderen löst das einen Alarm der Brandmeldeanlage aus. Solche Brandmeldeanlagen dürfen nicht mit den kleinen Rauchmeldern verwechselt werden, die mittlerweile in jeder Wohnung Vorschrift sind. Beide haben zwar dieselbe Aufgabe, nämlich ein Brand in der Entstehungsphase zu erkennen. Der häusliche Rauchmelder alarmiert jedoch nicht automatisch die Feuerwehr, sondern macht sich mit einem lauten Piepsen bemerkbar. Bewohner oder Nachbarn müssen dann selbst die Notrufnummer 112 wählen.

Tipp der Feuerwehr

„Scheibe einschlagen und Knopf tief drücken" – so steht es auf den Druckknopfmeldern. Damit Sie sich dabei nicht verletzen, wird empfohlen, die Scheibe nicht mit der Faust, sondern mit dem bekleideten Ellenbogen oder einem Schuh zu zerstören. Erwarten Sie dann die Feuerwehr und zeigen Sie ihr den Weg.

Sollte der Alarm jedoch böswillig erfolgen – darum handelt es sich bei dem mutwilligen und grundlosen Einschlagen des Feuermelders – ermittelt die Polizei und die Feuerwehr stellt den Einsatz in Rechnung.

Eine Million Einsatzkräfte

8

Jugendliche und Erwachsene, Aktive und Passive

Es ist Beruf, Berufung oder Hobby. Über eine Million Mitbürger engagieren sich in Deutschland in der Feuerwehr. Unterschieden wird zwischen den Mitgliedern der Kinder- und Jugendfeuerwehren, den aktiven Einsatzkräften und passiven Mitgliedern. Um den Nachwuchs für die Freiwilligen Feuerwehren zu sichern, junge Menschen für die Arbeit der Feuerwehr zu begeistern und sie altersgerecht auszubilden, gibt es Jugendfeuerwehren. Zunehmend soll die Gründung von Kinderfeuerwehren auch die Jüngsten bereits in einem Alter für die Feuerwehr interessieren, in dem sie den Sportvereinen beitreten oder andere Hobbies sie locken. Als „Aktive" werden die Einsatzkräfte bezeichnet. Wer nach langjährigem Dienst die Altersgrenze erreicht hat, wechselt in der Regel als verdientes passives Mitglied in die Alters- und Ehrenabteilung.

Die Mannschaft ist bei einem Jubiläum im Jahr 1964 vor den Einsatzfahrzeugen angetreten.

Eintrittsalter und Voraussetzungen für den Dienst

Je nach Bundesland gibt es verschiedene Voraussetzungen, die erfüllt sein müssen, wenn man in den Einsatzdienst übernommen werden möchte. So führt beispielsweise das Gesetz über den Brandschutz und die Hilfeleistungen der Feuerwehren in Schleswig-Holstein unter Paragraf 9 Folgendes aus: „Der Eintritt in die Einsatzabteilung ist mit Vollendung des 16. Lebensjahres, in die Jugendabteilung mit Vollendung des 10. Lebensjahres, in die Kinderabteilung mit Vollendung des 6. Lebensjahres möglich. Für die Teilnahme am Einsatzdienst ist die Vollendung des 18. Lebensjahres erforderlich.“ (Absatz 2) Und: „Der aktive Dienst endet auf Antrag des Mitglieds durch Übertritt in die Ehrenabteilung frühestens mit Vollendung des 60. Lebensjahres. Ohne Antragstellung endet der aktive Dienst mit dem Ende des Jahres, in dem das 67. Lebensjahr vollendet wird.“ (Absatz 5)

Immer weniger Freiwillige melden sich

Die Freiwilligen Feuerwehren stellen eine stetige Abnahme ihrer Einsatzkräfte fest. Das Missverhältnis zwischen steigenden Einsatzzahlen und sinkender Personalverfügbarkeit nimmt daher zu. Die Liste der Gründe ist lang: Der demografische Wandel spielt dabei genauso eine Rolle wie der Wandel in der Berufswelt mit häufigem Arbeits- und Wohnortwechsel wie auch eine schwindende Bereitschaft, sich für den Mitmenschen einzusetzen und sich sozial zu engagieren. Einfallsreich steuern die Feuerwehren dem entgegen. Die Gründung von Kinder- und Jugendfeuerwehren, die verstärkte Werbung bei Frauen und Migranten oder das Anheben der Altersgrenze gehören dazu. Politiker und Verbände diskutieren über Maßnahmen zur Stärkung des Ehrenamtes.

Auch Doppelmitgliedschaften sind inzwischen möglich

Viele Brandschutzgesetze haben einen Passus aufgenommen, der den Feuerwehrdienst in zwei Wehren erlaubt. Die früheren Formulierungen, dass die Mitgliedschaft nur am Wohnort möglich ist, wird der heutigen Arbeitswelt nicht mehr gerecht. Ein Einsatzdienst auch am Arbeitsort hilft der dortigen Wehr, die angespannte Personalsituation tagsüber zu verbessern.

Die Einsatzkräfte der Berufsfeuerwehren sind in der Regel verbeamtet. Zu den Einstellungsvoraussetzungen gehört der Abschluss einer Berufsausbildung. Sie arbeiten hauptberuflich entweder im Schicht- oder im Tagesdienst. Bei den Werkfeuerwehren gibt es je nach Größe und Organisationsform freiwilliges und hauptberufliches Personal.

Frauen am Strahlrohr

9

Der beschwerliche Weg in die Feuerwehren

Sehr lange Zeit war die Feuerwehr eine reine Männerdomäne. Frauen hatten da nichts zu suchen. Denn die Feuerwehr galt als harte, körperlich anstrengende und gefährliche Arbeit. Das wollte man den Frauen nicht zumuten. Lediglich als „Notnagel" griff man zum Ende des Zweiten Weltkriegs auf Frauen zurück, wenn der Brandschutz im Ort nicht mehr gewährleistet war, weil die wehrtüchtigen Männer in den Krieg gezogen waren. Nach Kriegsende wollte man von den Frauen im Einsatzdienst jedoch nichts mehr wissen.

In den 1960er-Jahren waren Frauen im besten Fall „Lückenbüßerinnen". In Bayern erlaubte erst 1967 die „Verordnung zur Ausführung des Gesetzes über das Feuerlöschwesen" die Aufnahme von Frauen. Allerdings vor allem nur dort, wo sie notgedrungen die Männer vertreten mussten, weil diese berufsbedingt tagsüber nicht vor Ort sein konnten. Keine getrennten Umkleiden und keine sanitären Einrichtungen, und die Geräte seien zu schwer und der Dienst viel zu anstrengend für Frauen, lauteten die gängigen Argumente. Dabei spielte sicher mit, dass lange Zeit viele Feuerwehren keine Einmischung von Frauen in ihrer von Männern dominierten Organisation und Gesellschaft dulden wollten. Zudem befürchtete man Eifersucht, Eheprobleme, Streit und Zwietracht, wenn im Verein Männer und Frauen aufeinandertreffen.

Frauen im vorbeugenden Brandschutz

Etwas aufgeschlossener gingen die Freiwilligen Feuerwehren der DDR mit dem Thema um. Die erste Frauengruppe soll es 1951 in Zwenkau bei Leipzig gegeben haben. Die Frauen engagierten sich jedoch viel mehr im vorbeugenden als im abwehrenden Brandschutz. Sie führten in Betrieben und in Wohnungen die Brandschutzkontrollen durch. Ihnen übertrug man die Aufgaben einer Funkerin in der Fernmeldezentrale sowie die Durchführung von Brandschutzwachen bei Veranstaltungen, der Brandschutzerziehung und die Arbeit mit den Jugendfeuerwehren.

Feuerwehren und Führungspositionen: männerdominiert

Die Statistik des Deutschen Feuerwehrverbandes gibt für das Jahr 2022 einen Frauenanteil von 11 Prozent an. Bei den Einsatzkräften der Freiwilligen Feuerwehren beträgt er 11 Prozent. In den Jugendfeuer-

Gemischte Besatzung auf dem Löschfahrzeug bei einem Feuermelderalarm: sieben Frauen, zwei Männer

wehren sind Mädchen mit 31 Prozent stärker vertreten und legen damit die Grundlage für den künftigen Anstieg bei den Aktiven. Den höchsten Frauenanteil weist Mecklenburg-Vorpommern mit 23 Prozent auf. Lediglich 970 Frauen arbeiten bei Berufsfeuerwehren. Noch seltener sind Frauen in Führungspositionen zu finden. Kommandantinnen oder Wehrführerinnen trifft man extrem selten. 2025 standen lediglich bei fünf der 116 Berufsfeuerwehren Frauen an der Spitze: in Darmstadt, Gießen, Görlitz, Regensburg und Remscheid.

Das Feuerwehrmagazin, die auflagenstärkste deutsche Fachzeitschrift, fragte zum Jahresende 2017 nach dem Frauenanteil. In der Auswertung von etwa 300 Rückmeldungen lag eine Wehr aus ländlicher Region in Niedersachsen vorne: Auetal-Antendorf mit 50 Prozent. Auch die Freiwillige Feuerwehr Ottobrunn bei München darf das Siegel „Frauenpower“ tragen, denn mit 44 Mädchen und Frauen hatte sie die höchste Anzahl angegeben. Frauen sind dort seit 1996 eine Selbstverständlichkeit. Hier wurden in der Ausbildung und im Einsatzdienst noch nie Unterschiede zwischen den Geschlechtern gemacht.

Jugendfeuerwehren

10

Sport, Spiel, Spaß und Teamwork

Die Jugendarbeit wird in den Feuerwehren groß geschrieben. Mehr als 95 Prozent der etwa 24.000 Freiwilligen Feuerwehren in Deutschland haben eine Jugendabteilung. Rund 332.000 Mädchen und Jungen sind darin organisiert.

Neben Sport, Spiel, Spaß und den beliebten Freizeit- und Ferienlagern gehören Erste Hilfe, Gerätekunde und feuerwehrtechnische Übungen und Wettbewerbe zur fachlichen Ausbildung. Ganz wichtig ist die Entwicklung eines Gruppengefühls. Feuerwehrarbeit wird stets als Teamwork vermittelt. Die Gruppe bietet Halt und die Aktivitäten machen gemeinsam mehr Spaß. So lernen die jungen Menschen alle Grundlagen für den späteren Feuerwehrdienst.

Das Eintrittsalter liegt zwischen sechs (Thüringen) und zwölf Jahren (Bayern). Mit 16, 17 oder 18 Jahren (je nach Bundesland) absolvieren die Mädchen und Jungen die Abschlussprüfung der Feuerwehrgrundausbildung und können in den aktiven Dienst der Feuerwehren übernommen werden. Jährlich verstärken so zwischen 20.000 und 25.000 Jugendfeuerwehrmitglieder die Einsatzabteilungen der Freiwilligen Feuerwehren.

In etwa 24.000 Jugendfeuerwehren sind Mädchen und Jungen mit Begeisterung dabei.

11

Kinderfeuerwehren auf dem Vormarsch

Mit Fantasie und Einfühlungsvermögen

Sie nennen sich „Löschzwerge“, „Löschküken“, Löschfüchse“, „Feuerstrolche“ oder „Feuersalamander“. Die Fantasie der Betreuer ist in der Namensgebung grenzenlos; sie wird auch gebraucht, um das Interesse an der Feuerwehr zu entwickeln. Viel pädagogisches Geschick ist gefragt, um die Konzentration der quirligen Geister ab dem sechsten Lebensjahr auf die Sache zu lenken. In den Kindergruppen wird gespielt und gebastelt, Sport getrieben und es werden kleine Ausflüge unternommen. Kindgerecht lernen die Jüngsten, sich bei einem Brand oder einem Notfall richtig zu verhalten.

Die Idee, schon die Allerkleinsten zu begeistern, ist über 100 Jahre alt. Meist waren es Einzelinitiativen engagierter Feuerwehrfrauen und -männer oder Erzieher. Erst in den letzten Jahren wurden in den Wehren systematisch Kinderabteilungen, -gruppen oder -feuerwehren gegründet. Die Kids sollen bereits frühzeitig in der Wehr verwurzelt werden, später in die Jugendfeuerwehr eintreten und danach die Einsatzabteilungen stärken. Das ist die Hoffnung.

Das Logo der Kinderfeuerwehr in Bayern

Ich will Feuerwehrmann werden!

12

Grisu, der kleine Drache als Maskottchen

Grisu ist die Hauptfigur einer italienischen Zeichentrickserie, die 28 Episoden umfasst. In Deutschland kam sie 1977 ins Fernsehen. Legendär ist der trotzige Spruch des kleinen Drachen: „Ich will Feuerwehrmann werden!", mit dem er sich seinem Vater widersetzt. Dieser möchte stattdessen, dass ihm sein Sohn als standesgemäßer, feuerspeiender und furchterregender Drache nachfolgt. Der kleine grüne Drache mit dem typischen roten amerikanischen Feuerwehrhelm entwickelte sich schnell zu einem Maskottchen vieler Jugendfeuerwehren. Als Plüschfigur wird er von Kindern geliebt, die mit Grisu ihre Faszination für die Feuerwehr teilen und selbst eines Tages ehrenamtlich oder beruflich bei einer Feuerwehr aktiv sein möchten.

Die Plüschfigur wird auch gern von Feuerwehren verwendet, um verletzte oder betroffene Kinder bei einem Einsatz zu trösten und vom Geschehen abzulenken. Die Giebelwand des Gerätehauses des Wuppertaler Löschzuges Sonnborn schmückt ein überlebensgroßer Grisu.

Grisu wurde legendär.

13

An der Spitze der Wehr

Höchste Anforderungen an Idealismus, Fachkompetenz und Menschenführung

Würdevolle Herren mit Rauschebärten in ordensbehängter Uniform und mit auffälligen Buschen geschmückten Helmen – so sind in Feuerwehrchroniken die Kommandanten aus den Gründungsjahren abgebildet. Es waren Herren, deren Wort Bedeutung im Ort hatte und die oftmals durch ihren Beruf gewohnt waren, Mitbürgern Befehle zu erteilen: Gutsverwalter, Brauereibesitzer, Gastwirte, Inhaber von Handwerksbetrieben, Fabrikanten, Bürgermeister und Lehrer.

Repräsentativ und würdevoll: ein Kommandant in Hessen um das Jahr 1900

Hohe Anforderungen

Der Feuerwehrkommandant stellt die wichtigste Führungsfunktion einer Freiwilligen Feuerwehr dar, er hat für die Einsatzbereitschaft der Wehr zu sorgen und er leitet die Einsätze und die Ausbildung. Zu seinen Aufgaben gehören die Ernennung von Mannschafts- und Führungsdienstgraden sowie die Beratung der Gemeinde in Fragen des abwehrenden Brandschutzes und des technischen Hilfsdienstes. Von der Person des Amtsinhabers hängt daher entscheidend die Entwicklung des Feuerwehrwesens der Gemeinde ab. Nur Personen, die das Vertrauen ihrer Mannschaft genießen und über eine hohe fachliche und persönliche Qualifikation verfügen, sollten diese Funktion ausüben. So beschreibt das Bayerische Feuerwehrgesetz Amt, Aufgabe und Anforderungen an den Leiter der Feuerwehr.

Schlicht und funktional: Der Kommandant ist an seiner Helmkennzeichnung (in Bayern ein roter Balken) und der gelben Weste als Einsatzleiter zu erkennen.

Neben Qualifikation ist ein großer Idealismus nötig

Die Amtszeit eines Kommandanten und seines Stellvertreters beträgt in den meisten Bundesländern sechs Jahre. Bevor die von den Einsatzkräften gewählten Personen ihr Amt antreten dürfen, prüft die Kreisbrandinspektion die fachliche Qualifikation und der Gemeinderat spricht dann die Ernennung aus. Kommandanten sind Ehrenbeamte, die ihre Aufgaben freiwillig und mit sehr großem Idealismus ausüben. Je nach Landesgesetzgebung steht ihnen eine geringe Aufwandsentschädigung zu.

Von Land zu Land unterschieden sich die Bezeichnungen für dieses Amt:

- Kommandant in Baden-Württemberg und Bayern,
- Wehrleiter in Berlin, Rheinland-Pfalz, Sachsen und Sachsen-Anhalt,
- Wehrführer in Brandenburg, Bremen, Hamburg, Mecklenburg-Vorpommern, Saarland und Schleswig-Holstein,
- Ortsbrandmeister in Thüringen,
- Gemeindebrandmeister in Niedersachsen,
- Gemeindebrandinspektor in Hessen,
- Leiter der Feuerwehr in Nordrhein-Westfalen.

14

Feuerwehrkapellen – ein klingendes Spiel

Musik bringt Freude in Stadt und Land

Vor allem in den ländlichen Regionen bereichern die Freiwilligen Feuerwehren das Kulturprogramm und organisieren mit anderen Vereinen das gesellschaftliche Leben. Dabei spielen die beliebten Feuerwehrkapellen eine wichtige Rolle.

Wobei „Kapelle“ nur der Sammelbegriff für ein heute breit gefächertes Spektrum an Feuerwehrklangkörpern ist. Der Bogen spannt sich von den traditionellen Spielmanns- und Fanfarenzügen über Blasorchester, Schalmeienkapellen und Feuerwehrchören bis hin zu modernen Big-Bands, Show- und Marching-Bands oder gemischten Bläserensembles aus Spielleuten und Hörnergruppen. Allein die Feuerwehrmusikzüge zählen in Deutschland etwa 32.000 Mitglieder.

Die Musik ist ein starkes Bindeglied zwischen den Feuerwehren und der Bevölkerung auf kultureller Ebene. Die Auftritte bereichern Umzüge, Jubiläen, Feste, Feiern sowie Veranstaltungen und stellen einen attraktiven Bestandteil der Öffentlichkeitsarbeit der Feuerwehren dar.

Musikbegeisterte Mitglieder der Feuerwehr haben sich im Blasorchester der Feuerwehr Dresden zum gemeinsamen Spiel zusammengefunden.

Helden und Hexenmeister

15

Ohne Feuerwehr kein buntes Dorfleben

Feuerwehrfrauen und -männer schützen und retten Menschenleben, Tiere und Sachwerte, manchmal sogar unter Gefahr für ihr eigenes Leben. Dafür werden sie oft als Helden bezeichnet und gefeiert. Das ist jedoch nur die eine Seite der Medaille. In der Bürgergemeinschaft, vor allem auf dem Land, leisten sie noch etwas ganz Besonderes und in heutigen Zeiten Wertvolles: Sie stiften Zusammenhalt und Bürgersinn.

Vielfältig engagierte Feuerwehrleute

Die Kameradinnen und Kameraden repräsentieren das breite Spektrum an Berufen, Meinungen und Einstellungen und sind damit fest in den Orten und Gemeinden verwurzelt. Sie engagieren sich über den Feuerwehrdienst hinaus für die Gemeinschaft und tragen Verantwortung. Manche betätigen sich in der Politik auf örtlicher Ebene als Gemeinderäte

Die Tradition wird wachgehalten. Im Jahr 2003 restaurierten die Mitglieder der FF Kronach in ihrer Freizeit ihre Saug- und Druckspritze von 1882.

oder Bürgermeister. Und es gibt nicht wenige ehrenamtliche Feuerwehrangehörige, die Abgeordnete in den Kreis-, Bezirks- und Landtagen sind oder im Bundestag sitzen. Bei manchem Minister oder Ministerpräsidenten findet sich die aktive Mitgliedschaft in der Feuerwehr im Lebenslauf. So ist Reinhold Gall, der von 2011 bis 2016 in Baden-Württemberg das Innenministerium leitete, seit Jahrzehnten Kreisausbilder und seit 2009 Vorsitzender des Kreisfeuerwehrverbandes Heilbronn.

Die Feuerwehr hilft, wo immer sie gebraucht wird

Ohne die Feuerwehrmusik und die interessante Jugendarbeit, gepaart mit dem Organisationstalent der Feuerwehrleute, gäbe es so manches Dorffest, manchen Kulturzirkel oder manches Sportfest nicht. Fastnachtsveranstaltungen, die Kindergarten- oder Schulfeier sowie Osterfeuer, Maibaumsetzen, Hexen- oder Weihnachtsbaumbrennen sind ohne die Kameraden nicht denkbar und nicht machbar. In vielen Orten gäbe es ohne die Feuerwehren kein Dorfleben – einfach auf den Punkt gebracht. Und wenn zupackende Hände oder kluge Köpfe ganz kurzfristig in der Kommune gebraucht werden – die Feuerwehr hilft. Manchmal wird sie dabei auch ausgenutzt.

Lebendige Tradition

Und die Feuerwehrleute verkörpern Tradition und Heimatgefühl. Manchmal leben sie und ihre Familien schon über Generationen im Ort. So konnte ein Zusammengehörigkeitsgefühl wachsen, das immer weitergegeben wird. Auch an die Jugend. Und so ist es keine Seltenheit, dass mehrere Generationen einer Familie – vom Enkel/Enkelin über Sohn/Tochter, Vater/Mutter bis zum Großvater/Großmutter – in einer Feuerwehr mitmachen. Und oft finden Zugezogene Anschluss am neuen Ort und werden erst durch die Mitarbeit in den Freiwilligen Feuerwehren wirklich „heimisch".

Ehrenamt und Engagement

Mitunter wird deshalb von Feuerwehrkultur gesprochen. Die Frauen und Männer in der Feuerwehrmontur stellen sich ganz bewusst an die Spitze, wenn es um das bürgerschaftliche Engagement zur Verbesserung und Verschönerung des Lebens in der Gemeinschaft geht. Um das alles bewältigen zu können, müssen oft auch die Familien „mitspielen". Feuerwehrleute sehen sich nicht als Helden, aber sie sind Hexenmeister und Hexenmeisterinnen, wenn es darum geht, Beruf, Familie und Ehrenamt unter einen Hut zu bringen.

Hilfe für Helfer

16

Damit Einsätze nicht krank machen

Nach dem tagelangen Rettungseinsatz beim ICE-Bahnunglück vom 3. Juli 1988 bei Eschede mit 101 Toten und 88 Schwerverletzten hatten viele der Helfer von Feuerwehren und Rettungsdiensten mit posttraumatischen Störungen zu kämpfen. Die Lehre daraus: Feuerwehren, Rettungsdienste, Kirchen, staatliche Einrichtungen und Feuerwehrverbände intensivierten ihre Aktivitäten zur seelsorgerischen und psychosozialen Betreuung von Einsatzkräften.

Hilfe nach belastenden Einsätzen

Teams zur Bekämpfung der Stressbelastung nach belastenden Ereignissen (SBE), Kriseninterventionsteams (KIT), Psychosoziale Notfallversorgung (PSNV-Teams) und Einsatznachsorge-Teams (ENT) entstanden. Sie helfen vor allem den von Unglück und Todesfällen Betroffenen – Zivilisten, Augenzeugen, Angehörige – und immer stärker den von den schrecklichen Bildern an den Einsatzstellen traumatisierten Helfern von Feuerwehr, Polizei und Rettungsdienst. Auch der Deutsche Feuerwehrverband, der Dachverband aller Feuerwehren, schrieb sich mit seiner Stiftung „Hilfe für Helfer“ das Thema auf die Fahnen.

Das derzeit jüngste „Kind“ in der Reihe dieser Helfer ist seit dem Jahr 2017 das Einsatznachsorge-Team (ENT) des Landesfeuerwehrverbands Sachsen e. V. „Wo immer Kameradinnen und Kameraden in den sächsischen Feuerwehren hohen Belastungen ausgesetzt sind und Unterstützung brauchen, gibt es ausgebildete Ansprechpartner in der eigenen oder einer nahe gelegenen Feuerwehr, die nach belastenden Einsätzen im Bedarfsfall, in kurzer Zeit mit Hilfe zur Seite stehen“, so das Credo der Gründer des ENT.

Profis helfen Profis

In den Teams engagieren sich erfahrene und speziell geschulte Feuerwehrangehörige, die das schwierige Einsatzgeschehen aus eigenem Erleben kennen. Sie wissen um die Eindrücke, die bei einem Unglück mit Toten und Verletzten, mit schwerverletzten Kindern oder Opfern aus dem Bekannten- oder Kameradenkreis auf die Frauen und Männer in den Einsatzuniformen einstürmen.

Im Einsatz arbeiten die Kameraden professionell, routiniert und im Team die Rettungsmaßnahmen ab, denn das haben sie in hunderten Ausbildungsstunden geübt und gemeinsam trainiert. Was aber danach passiert, wenn die Anspannung und Konzentration des Einsatzes abnehmen, wenn am Abend, dem nächsten oder übernächsten Tag Bilder, Geräusche und Gerüche zurückkehren, ist individuell ganz unterschiedlich. Der eine kann damit gut oder auch nur vermeintlich gut umgehen. Den anderen kann es krank machen, und dann kann das sogar Auswirkungen auf Familie und Beruf haben.

Möglichst rasche Hilfe

Wolfram Höfler, Einsatzleiter bei dem Zugunglück 2016 in Bad Aibling mit 12 Toten, weiß diese Hilfe zu schätzen: „1975 war ich als junger Feuerwehrmann bei dem Zugunglück mit 41 Toten in Warngau dabei. Damals gab es nur einen kameradschaftlichen Klapps vom Kommandanten auf die Schulter und man musste selber schauen, wie man damit zurechtkam. 2016 habe ich in Bad Aibling sehr früh die PSNV-Kräfte angefordert und angeordnet, dass alle Einsatzkräfte erst nach Erfassung und psychologischer Betreuung in unserem Gerätehaus an ihre Standorte zurückfahren durften."

Zur körperlichen Verausgabung beim Einsatz kommt die psychische Belastung hinzu. Das Foto des völlig erschöpften Feuerwehrmannes entstand bei den Rettungsarbeiten nach dem Terroranschlag auf das World Trade Center in New York am 11. September 2001.

O heiliger Sankt Florian

17

Ein populärer Schutzpatron und Namensgeber

„O heiliger Sankt Florian, verschon' mein Haus, zünd' and're an!" Die Darstellung des Schutzpatrons der Feuerwehr zeigt ihn als Krieger, der mit der einen Hand einen Wasserkübel über einem brennenden Haus auskippt. In der anderen Hand hält er eine Lanze oder eine Fahne. Auf vielen Abbildungen trägt er einen Mühlstein um den Hals, was auf seinen Märtyrertod hinweist.

Opfer der Christenverfolgung unter den Römern

Florian wurde um das Jahr 250 geboren. Seine Heimat in Oberösterreich war von den Römern besetzt. Er trat der römischen Armee bei und diente sich rasch vom Soldaten zum Offizier hoch. Später nahm er in der zivilen Verwaltung die gehobene Position eines römischen Statthalters ein. Der damals regierende römische Kaiser Diokletian verfolgte die Christen unbarmherzig, weil für ihn Kaiserkult und Christentum in Widerspruch standen. Er erließ 303 den Befehl zur Zerstörung der Kirchen, der Verbrennung der heiligen Schriften und der Entlassung von Christen aus führenden Positionen in Heer und Zivilverwaltung. Die christlichen Priester ließ er in den Kerker werfen.

Florian war jedoch ein eifriger Christ. Als er erfuhr, dass 40 seiner Glaubensbrüder eingekerkert und gefoltert wurden, sprach er bei dem Statthalter von Lorch an der Enns vor, um ihn von seinem

Der Heilige Florian ist der Schutzpatron der Feuerwehr.

Vorhaben abzubringen. Da er sich im Gespräch standhaft zum Christentum bekannte, ereilte ihn dasselbe Schicksal. Die römischen Strafbehörden folterten ihn mit glühenden Eisen. Als der Statthalter merkte, dass er so den Glauben des Christen nicht brechen konnte, verurteilte er ihn zum Tod. Am 4. Mai 304 warfen ihn die Soldaten mit einem Stein um den Hals in den Fluss Enns.

Ausrüstungen der Feuerwehr bereichern den Floriani-Gottesdienst

Diese Leidensgeschichte erklärt zwar die Soldatentracht, die Waffe und den Mühlstein, nicht aber die Verbindung zu Feuer und Feuerwehr. Der Wassereimer gilt als Symbol für den Ertrinkungstod. Allerdings wird Florian nachgesagt, er habe als Kind einen Brandausbruch mit einem Kübel Wasser gelöscht. Viele Berufsstände, die mit den Elementen Feuer und Wasser zu tun haben, sehen in Sankt Florian ihren Nothelfer. Er wurde auch angerufen gegen Feuer- und Brandgefahren, Dürre oder Überschwemmungen.

Der Floriani-Tag: für Feuerwehren mehr als Gedenktag

An der Stelle, an der Florian bestattet wurde, entstand das barocke Chorherrenstift St. Florian in der Marktgemeinde St. Florian bei Linz. Es beherbergt das bedeutsame Oberösterreichische Feuerwehrmuseum. An seinem Todestag, dem 4. Mai, feiern viele Feuerwehren – insbesondere in Süddeutschland, Österreich und Südtirol – den Floriani-Tag mit einem festlichen Gedenkgottesdienst. Viele Wehren halten nach dem Kirchgang ihre Jahresversammlung ab, befördern Mitglieder und lassen ihre Einsatzfahrzeuge segnen.

Der in Deutschland gebräuchliche Funkrufname „Florian" für die Einsatzfahrzeuge geht auf die Hamburger Feuerwehr zurück. Als man im Jahr 1950 zur Abgrenzung von der Polizei einen Funkrufnamen brauchte, wählte man „Florian". Das übernahmen immer mehr Wehren, sodass seit dem 13. Juni 1973 der Name des Heiligen offizieller Bestandteil des Funkrufnamens ist. So erklärt sich auch die Bezeichnung „Floriansjünger" für die Feuerwehrmänner.

Vereint unter der Fahne

Ein Symbol der Gemeinschaft

18

Moderne Löschfahrzeuge und digitale Kommunikationstechnik bestimmen das Bild in vielen Feuerwehrhäusern. Und hinter Glas wird an prominenter Stelle die kostbare Fahne der Wehr aufbewahrt. Oft ein wahres Schmuckstück der Webkunst, das bereits einige Jahrzehnte alt sein kann. Diese Mischung aus moderner Technik und gelebter Tradition symbolisiert das Selbstverständnis der Kameradinnen und Kameraden.

Stolz marschieren die Fahnenträger zu feierlichen Anlässen voran. Die Schmuckstücke dienen aber auch der dekorativen Gestaltung von Veranstaltungen. Die Fahne ist dabei ein wichtiges Symbol für Zusammengehö-

rigkeit, Treue, Vertrauen und Gedenken. Sie steht zugleich für das Bekenntnis zur Feuerwehr und ihrer Aufgabe.

Fahne ist Symbol und verbindendes Element in einem

Eine eigene Fahne zu haben, gibt den Kameradinnen und Kameraden ein ganz besonders stolzes Gefühl. Dabei geht es nicht nur um ihren materiellen, sondern auch um ihren ideellen Wert. Jede Fahne ist anders und in ihrer Ausführung einmalig. Um ihre Anschaffung kümmern sich die Feuerwehrvereine. Oft sparen sie lange auf die Fahne und sammeln dafür Geld. Die feierliche Fahnenweihe ist ein Höhepunkt in der Geschichte einer Wehr und eine wichtigen Veranstaltung im Ort. Die Fahne ist Symbol für Zusammengehörigkeit und kameradschaftlichen Gemeinschaftssinn.

Dem Festgottesdienst bei einem Feuerwehrjubiläum geben die Fahnenabordnungen einen würdigen Rahmen.

Sie ist Ausdruck der Sehnsucht der Menschen, nicht allein zu sein, Gleichgesinnte um sich zu haben, die für einander einstehen und gemeinsame Ziele verfolgen. Die Fahne ist aber auch ein Symbol der Treue – die Treue zur Heimat, zu den edlen Motiven und den schönen Bräuchen. Diese Verbundenheit zur sozialen Gemeinschaft ist besonders dann gefordert, wenn Mitmenschen mit ihrem Hab und Gut in Gefahr geraten und dringend Hilfe und Beistand brauchen. So symbolisiert eine Feuerwehrfahne im Besonderen auch die ständige Bereitschaft zu helfen, beizustehen, zu retten, zu löschen und Gefahren zu beseitigen.

Die Fahne ist ein Symbol der Ehrfurcht. Sie wird zu besonderen Momenten und Anlässen sowie bei Gedächtnisfeiern gesenkt oder geneigt. Die Fahne neigt sich, wenn das Lied vom guten Kameraden gespielt wird. Sie wird gesenkt über dem Grab eines Feuerwehrkameraden oder beim Abschied von einer Persönlichkeit, die in enger Verbundenheit mit der Feuerwehr gestanden hat. Ebenso wird die Fahne gesenkt, wenn die Landes- oder Bundeshymne erklingt, als Zeichen der Treue und Ehrfurcht gegenüber Heimat und Vaterland.

Die Bilder und Sprüche sind mit Bedacht gewählt

Abbildung und Inschrift zeigen, zu welchen Werten sich eine Gemeinschaft bekennt, welchem Schutzpatron man sich vertrauensvoll verbunden fühlt, welchem kulturellen Erbe man verpflichtet ist. Auf der Vereinsseite einer Feuerwehrfahne sind in der Regel der heilige Florian oder ein typisches Feuerwehrsymbol abgebildet. Auf der Ortsseite werden ortsbildprägende Gebäude und das Gemeindewappen eingestickt.

So ist die Feuerwehrfahne immer auch ein Zeichen des Vertrauens an den heiligen Florian, des Schutzpatrons der Feuerwehren. Und sie ist ein Auftrag: In Treue und Zuverlässigkeit zu dienen, ganz nach dem Motto: „Einer für alle – alle für einen." oder „Gott zur Ehr – dem Nächsten zur Wehr!", je nach Region oder Bekenntnis.

Manche Fahnen erinnern an denkwürdige Ereignisse. So dokumentieren Jahreszahlen und Sinnsprüche das Selbstverständnis einer Gemeinschaft und bewahren historische Fakten vor dem Vergessen. Unter der Feuerwehrfahne versammeln sich alle, die treu zur Gemeinschaft stehen und selbst im Wandel der Zeit die gemeinsamen Ideale und Werte hochhalten. Es liegt eine besondere Wirkung in dem alten Fahnenspruch, den ein Kamerad traditionell bei der Übernahme einer geweihten Fahne stellvertretend für alle als Gelöbnis spricht:

„Ich übernehme die Fahne und halte sie fest, auf dass keiner von uns die Fahne verlässt!"

Die Elitetruppe

19

Die Steigerabteilung der Feuerwehren

Man kann sie als die Vorläufer der „Speziellen Rettung aus Höhen und Tiefen" bezeichnen, die mutigen Männer in den Steigerabteilungen aus den Anfängen des organisierten deutschen Feuerlöschwesens zu Beginn des 19. Jahrhunderts. Die Bezeichnung Steiger trugen sie mit Stolz. Meist waren es Maurer, Dachdecker oder Zimmerleute, die an das Arbeiten in luftiger Höhe gewöhnt waren. Denn der Begriff leitet sich vom Steigen mit Leitern an hohen Gebäuden ab.

Die höchste Pflicht des Steigers war die Menschenrettung. Die Steigerabteilungen waren die ersten in den Feuerwehren, die diese Aufgabe organisiert und spezialisiert bewältigten. Ihre einfache Ausrüstung bestand aus Haken-, Schiebe- oder Anstellleitern sowie Haltegurt (Steigergurt), Rettungsseil (Steigerleine), Notnagel und Schlauchhalter. Der Steigerturm, an dem die Männer für ihren nicht ungefährlichen Einsatz an den Häuserfassaden übten, ist bis heute als Begriff im Sprachgebrauch der Feuerwehren überliefert.

Fesche und mutige Männer waren die Steiger, die über ihre Leitern Menschen retteten und Brände bekämpften.

Eine der jüngsten Feuerwehren Deutschlands

20

FF Laar 2017 neu gegründet

Freiwillige Feuerwehren sind meist Traditionsunternehmen. Die ältesten Freiwilligen Feuerwehren in Deutschland können auf ihre Gründung vor 150 oder 160 Jahren zurückblicken. Großbrände oder Katastrophen gaben meist den Ausschlag für eine Selbstorganisation im Löschwesen. Viele der Feuerwehren gingen aus der im 19. Jahrhundert fortschrittlichen und sehr gut organisierten Turnerbewegung hervor.

Heute stellen die Freiwilligen Feuerwehren die tragenden Säulen des Brand- und Katastrophenschutzes in Deutschland dar, ohne die der flächendeckende Schutz und die Hilfe für die Menschen nicht zu gewährleisten wäre. Über die Hälfte aller Feuerwehreinsätze werden in der Bundesrepublik von ehrenamtlichen Brandschützern bewältigt.

Das System der Ehrenamtlichkeit steckt jedoch infolge des demografischen Wandels, hohen Mobilitätsanforderungen an die Menschen in Beruf, Studium sowie Ausbildung und Schule in einer Krise. Die Freiwilligen Feuerwehren haben Mühe, die Einsatzbereitschaft personell aufrechtzuerhalten, manche Ortsfeuerwehren mussten bereits ihre Pforten schließen oder die verbliebenen wenigen Kameradinnen und Kameraden mussten sich mit benachbarten Ortswehren zusammenschließen.

Gründung Ortswehr Laar

Ganz anders sieht es dagegen in der niedersächsischen Samtgemeinde Emlichheim (Landkreis Grafschaft Bentheim) aus. Am 17. Oktober 2017 fand im Dorfgemeinschaftshaus in Laar die Gründungsversammlung für die örtliche Freiwillige Feuerwehr und die Wahlen zum Ortskommando statt. Ein in der heutigen Zeit wirklich sehr seltener Akt.

Fünf Jahre zuvor hatte es am 27. November 2012 in eben diesem Dorfgemeinschaftshaus eine Kick-off-Veranstaltung für alle Bürgerinnen und Bürger der Gemeinde gegeben, die von den Feuerwehren der Samtgemeinde organisiert worden war. In dem Dorf direkt an der niederländischen Grenze erläuterte man interessierten Einwohnern die Notwendigkeit der Gründung sowie die Organisation und die Aufgaben einer Feuerwehr. Denn Laar liegt 8 Kilometer von Emlichheim entfernt, zu weit für rasche Eingreifzeiten.

Ausgebildet, ausgerüstet, einsatzbereit

Bereits Mitte Januar des Folgejahres fand im Dorfgemeinschaftshaus der erste Dienstabend für die 19 Kameraden statt, die sich gemeldet hatten. Anschließend nahmen alle am Dienst der Ortsfeuerwehr Emlichheim teil, um mehr über Anforderungen und Aufgaben zu erfahren. Danach absolvierten die Kameraden die Grundausbildung, die sich laut Feuerwehr-Dienstvorschrift über zwei Jahre erstreckt.

2014 erhielten die Feuerwehrleute bereits ein eigenes Fahrzeug, ein TLF 16/25 von der FF Emlichheim, für das ein Jahr später eine Fahrzeughalle umgebaut wurde. Danach konnten regelmäßige Übungen und Trainings am eigenen Fahrzeug stattfinden. Nach dem Kauf eines neuen MTF im Jahr 2016 und dem erfolgreichen Abschluss aller Ausbildungsmaßnahmen war die örtliche Freiwillige Feuerwehr Laar einsatzbereit.

Engagiert für ihren Ort: Einwohner von Laar haben seit 2017 eine eigene Feuerwehr.

Feuerwehr einst und jetzt

21

Von der Selbsthilfe zum organisierten Löschwesen

Offene Feuerstellen und unachtsamer Umgang mit offenem Licht, Blitzschlag, Kriege und Brandschatzungen legten über Jahrtausende ganze Siedlungen und Orte in Schutt und Asche. Im Jahr 64 brannte ein Großteil Roms. Brach ein Brand aus, standen die Bewohner den wütenden Flammen weitgehend hilflos gegenüber. Oft wusste man sich nur durch den Abriss von Häusern zu helfen und legte Brandschneisen an, an denen sich das Feuer totlaufen sollte. Feuerordnungen, die seit dem Mittelalter galten, enthielten Regularien zur Bauweise und zum Baumaterial beim Wiederaufbau. Damit wollten Herrscher und Stadtobere verhindern, dass sich Feuersbrünste und verheerende Brände wiederholten.

Der Weg zum organisierten Löschwesen

Brach irgendwo ein Feuer aus, sorgte das zumeist für Chaos in der Bevölkerung. Der Selbsthilfe fehlten Führung und Organisation. Zunächst versuchten Berufsstände und Zünfte, die Brandbekämpfung zu ordnen, indem sie Regeln aufstellten. Ein echtes Verständnis für organisiertes Löschwesen bildete sich jedoch erst zu Zeiten der Aufklärung, der Französischen Revolution und der Herausbildung des Bürgertums heraus. Mit der Industriellen Revolution und der damit einhergehenden rasanten Entwicklung der Technik im 19. Jahrhundert verbesserte sich die Brandbekämpfung.

Es verwundert wenig, dass die Personen, die den Anstoß zur Gründung

Die Löschtechnik erfuhr in den letzten knapp 200 Jahren – vom Löschfass und Löscheimer aus Leder und Holz bis zur modernen Pumpen- und Fahrzeugtechnik – eine rasante Entwicklung.

Löschen von Bränden war der ursprüngliche Zweck der Feuerwehren. Mit den Jahren kamen viele weitere Aufgaben dazu.

vieler Freiwilliger Feuerwehren im süddeutschen Raum gaben, selbst Fabrikanten von Feuerlöschgeräten waren. Die Namen Carl Metz und Conrad Dietrich Magirus sind heute noch vielen geläufig. Mitte des 19. Jahrhunderts gründeten sich die ersten Freiwilligen Feuerwehren. Man erkannte überall den Bedarf an geregelter Brandbekämpfung und so blieb es nicht lange bei einzelnen Wehren. Binnen kurzer Zeit überzog ein fast flächendeckendes Netz an Freiwilligen Feuerwehren Deutschland.

Zum Feuerlöschen kamen vielfältige Aufgaben dazu

Wenn auch die Bekämpfung von Feuer namensgebend war und die hauptsächliche Tätigkeit darstellte, übernahmen die Wehren mit der Zeit weitere Aufgaben im Bereich der Rettung von Mitbürgern und der technischen Hilfe, denn meist bildeten Handwerker und versierte Techniker das Gros der Mannschaften. Es dauerte nicht lange, und die Feuerwehr wurde für die Bevölkerung zum Helfer in jeder Notsituation. Das Motto „Retten – Löschen – Bergen – Schützen" beschreibt heute ihr weites Aufgabenfeld. Es umfasst den vorbeugenden und den abwehrenden Brandschutz. Heute steht die Brandbekämpfung nicht mehr an erster Stelle in der Einsatzstatistik. Viel häufiger rücken die Kameraden aus, um Technische Hilfe zu leisten oder chemischen, biologischen und atomare Gefahren abzuwenden. In einigen Regionen kommt der Rettungsdienst hinzu.

Vorbeugen musst Du!

22

Gefahren vermeiden durch vorbeugende Brandschutzmaßnahmen

Unbemerkt von vielen sorgt im alltäglichen Leben der vorbeugende Brandschutz dafür, dass man sicher vor den Gefahren von Feuer und Rauch leben kann. Das geht von der Hausordnung, die Brandschutzhinweise enthalten sollte, über die in allen Betrieben, Einrichtungen und öffentlichen Verkehrsmitteln vorhandenen Handfeuerlöscher bis zur Beschaffenheit der Eingangstür zur eigenen Wohnung. Letztere soll uns nicht nur vor Einbrüchen schützen, sondern muss mindestens 30 Minuten einem Feuer standhalten und rauchdicht sein.

Entstehung und Ausbreitung von Bränden vorbeugen

Dafür gibt es zahlreiche Regeln, Maßnahmen und Vorschriften, die unter dem Begriff vorbeugender Brandschutz zusammengefasst werden. Brände sollen möglichst erst gar nicht entstehen. Falls es doch einmal passiert, muss deren Ausbreitung möglichst weit eingeschränkt werden und die Auswirkung von Bränden soll natürlich so gering wie möglich gehalten werden. Vorbeugender Brandschutz stellt darüber hinaus auch sicher, dass die Feuerwehrleute sicher arbeiten können. Das gilt auch und vor allem bei Bränden in riesigen und komplexen Gebäuden wie Logistikzentren oder Hochhäusern. Der vorbeugende Brandschutz basiert dabei auf drei Säulen:

- den organisatorischen Brandschutz, der alles umfasst, um das Verhalten der Menschen so zu beeinflussen, dass Brände erst gar nicht entstehen können. Dazu zählen Brandschutzordnungen, Alarmpläne, Fluchtpläne, Arbeitsanweisungen, das Genehmigungswesen und die personelle Absicherung durch Brandschutzbeauftragte oder Brandsicherheitswachen.
- die Feuerlöschanlagen, Brandmelde- und Alarmierungsanlagen, Rauch- und Wärmeabzugsanlagen, Funk- und Lautsprecheranlagen, zusammengefasst unter dem Begriff des anlagentechnischen Brandschutzes.
- dem baulichen Brandschutz, der Anforderungen an Baustoffe (Brandverhalten von Holz, Plastik etc.), Bauteile (Feuerwiderstand von Türen und Wänden), Flucht- und Rettungswege sowie Aufstell- und Bewegungsflächen für die Einsatzfahrzeuge definiert.

Diese sehr komplexen Themenfelder müssen Bauherren, Architekten, Bauleute, Sachverständige sowie die Mitarbeiter in Bau- und Ordnungsämtern in ihrer Arbeit kennen und im Detail umsetzen. Die Berufsfeuerwehren und Brandschutzabteilungen der Kreisverwaltungen bieten eine Beratung von Architekten und Bauherren bei Angelegenheiten des vorbeugenden Brandschutzes an, die bei den Genehmigungsverfahren für Neubauten, Umbauten, Sanierungen und Nutzungsänderungen von Gebäuden erforderlich werden.

„Die Feuerwehr hilft – vorbeugen mußt Du!" Mit diesem Slogan warben Feuerwehren in der Brandschutzwoche 1977 um die Mitwirkung der Bürger bei der Abwehr von Gefahren. Die vier Piktogramme stehen für die Vermeidung von Brandgefahren, für vorsichtigen Umgang mit elektrischen Geräten, das Unterbinden von Wasserschäden und umsichtiger Fahrweise.

Baulicher Brandschutz

Brandausbreitung verhindern

23

Die Brandkatastrophe im Grenfell Tower, einem 24-geschossigen Wohnhochhaus in London, forderte am 14. Juni 2017 insgesamt 72 Menschenleben. Bei der vorangegangenen Gebäudesanierung wurden die Bauvorschriften mehrfach nicht eingehalten, wie die Ermittlungen ergaben. In nur 20 Minuten konnte sich das Feuer über die Fassade von der Brandausbruchsstelle im 2. Stock bis hinauf zum 24. Stock ausbreiten. 200 Feuerwehrleute standen in einem psychisch und körperlich sehr anstrengenden Einsatz, der insgesamt 13 Tage dauerte.

Bränden bereits in der Bauplanungsphase vorbeugen

Brandkatastrophen in Hochhäusern, Theatern oder Verkehrsanlagen wie Tunneln mit vielen Toten und Verletzten zeigen, dass bauliche Gegebenheiten eine wesentliche Ursache für die katastrophalen Auswirkungen eines Brandes sein können. Mitunter kommt dann noch menschliches Fehlverhalten hinzu. Was jedem Feuerwehrmann geläufig ist, davon sollte auch jeder Bürger wissen: Wie verhält sich ein Gebäude oder Bauteil im Brandfall?

Grundlagen des baulichen Brandschutzes

Unter baulichem Brandschutz versteht man alle bautechnischen, baugestalterischen und bauplanerischen Maßnahmen, mit denen die Brandausbreitung und die Brandübertragung auf ein Mindestmaß reduziert oder im besten Fall sogar verhindert werden soll. Die Ziele sind, die Rettung von Menschen und Tieren zu gewährleisten und ein sicheres Arbeiten der Feuerwehrleute beim Löschen zu garantieren. Auch sollen die Sachschäden an Gebäuden, Anlagen und Ausstattungen so gering wie möglich gehalten werden.

Die Planer beschäftigen sich intensiv mit den Baustoffen und ihrem Brandverhalten: Ist ein Stoff brennbar oder nicht brennbar? Ebenso wichtig ist zum Beispiel die Einhaltung von Gebäudeabständen, um das Übertragen eines Brandes auf ein Nachbargebäude zu verhindern. Das Ausbreiten eines Brandes innerhalb eines Gebäudes lässt sich außerdem durch bauliche Abtrennungen verhindern. Brandschutz beinhaltet aber auch den Schutz elektrischer Anlagen sowie die Festlegung und Ausgestaltung von Flucht- und Rettungswegen. Die Grundsätze sind in der allgemeingültigen Musterbauordnung nachzulesen und, daraus abgeleitet, in den Landesbauordnungen rechtskräftig verankert.

Platz für die Feuerwehr

24

Auf schnellstem Weg zum Löschen, Retten und Helfen

Nicht nur im dichten Straßenverkehr brauchen die Feuerwehrfahrzeuge freie Fahrt und hindernisfreie, nicht zugeparkte Straßen. Um die Arbeit der Feuerwehrleute und auch der Rettungskräfte zu sichern, sind Feuerwehrzufahrten, Feuerwehraufstellflächen und Feuerwehrbewegungsflächen notwendig und im Baurecht vorgeschrieben. Das sind frei zugängliche, befestigte Flächen auf einem Grundstück mit Anschluss an eine öffentliche Straße. Sie dienen der Feuerwehr dazu, die Lösch- und Rettungsfahrzeuge aufzustellen, um einen Löschangriff vornehmen und eine schnelle Menschenrettung durchführen zu können. Diese Flächen sind durch Schilder gekennzeichnet.

Feuerwehrzufahrten führen zu den Aufstell- und Bewegungsflächen an Gebäuden, Schulen und Verwaltungen, in Betrieben und in Wohngebieten.

Die Feuerwehrzufahrt ist immer freizuhalten. Das Zusatzschild erläutert, welche Gebäude die Feuerwehr über diese Zufahrt erreicht und wo sie anleitern kann.

Freies Feld für den Löschangriff

Halten Sie die Zufahrten und Flächen sowie den Zugang zu Hydranten und den Anschlüssen für die Steigleitungen und Feuerwehraufzüge immer frei. Achten Sie im Winter darauf, dass hier kein Schnee oder Eis liegen. Und parken Sie dort nicht! So helfen Sie mit, dass die Feuerwehr optimal zum Einsatzort gelangt und schnell Hilfe leisten kann.

Der einzige Ausweg

25

Flucht- und Rettungswege freihalten

Der Mensch versucht instinktiv, einer akuten Bedrohung oder Lebensgefahr durch Flucht auszuweichen. Das gilt auch bei Feuer und Rauch. Bricht ein Feuer aus, ist es oftmals der sich rasch ausbreitende, sehr giftige Brandrauch, der Opfer fordert.

In Gebäuden, in denen sich viele Menschen aufhalten, wie mehrgeschossige Wohnhäuser, Shopping-Malls, Fußballstadien, Theater, Kinos oder Hotels, gibt es Flucht- und Rettungswege. Schon bei der Bauplanung werden Flure, Außen- und Innentreppen vorgesehen, über die alle Personen ein Gebäude schnell und auf direktem Weg ins Freie verlassen können. Sind Fluchtwege verschlossen oder durch Inventar blockiert, können Brände schnell verheerend wirken und zu vielen Toten und Verletzten führen. In Diskotheken, Kinos und Hotels kommt dann noch die Panik hinzu, bei der die Flüchtenden sich gegenseitig verletzen und mitunter sogar töten.

Laut Vorschrift muss es aus jedem Raum, in dem sich Menschen aufhalten, mindestens zwei unabhängige Flucht- und Rettungswege geben. Die Bauordnung legt fest, wie diese beschaffen sein müssen. Bei mehrgeschossigen Bauten ist der erste Weg immer die Treppe. Der zweite Weg kann eine weitere Treppe oder unter Umständen eine Leiter der Feuerwehr sein. Auf Plänen in den Fluren der Gebäude sind diese Flucht- und Rettungswege eingezeichnet.

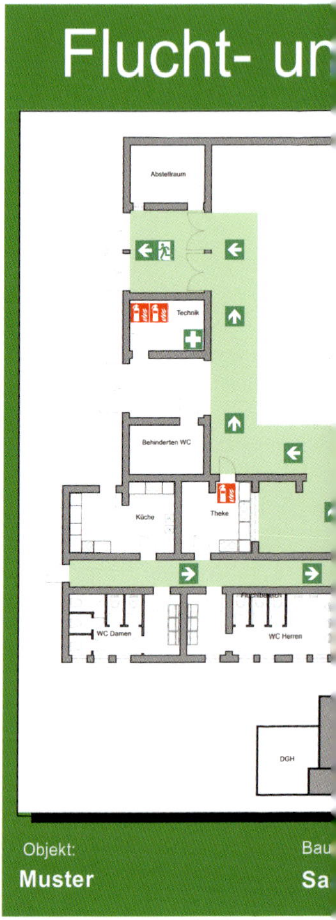

Tipp der Feuerwehr

Wenn Sie im Hotel Ihr Zimmer beziehen, werfen Sie einen Blick auf den Flucht- oder Rettungsplan. Denn den Fahrstuhl dürfen Sie im Brandfall nicht benutzen.

Der Flucht- und Rettungsplan zeigt die Fluchtwege und gibt wertvolle Hinweise zum Verhalten im Brandfall und bei Unfällen.

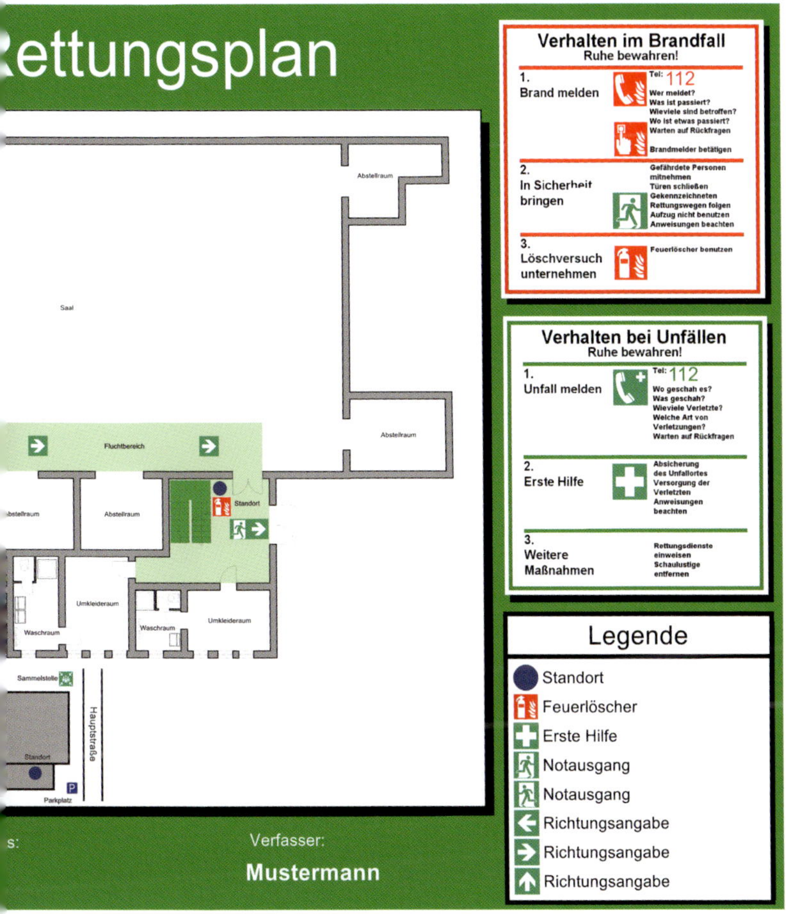

Brandschutzerziehung

26 Nicht nur Schulkinder können hier etwas lernen

„Messer, Gabel, Schere, Licht sind für kleine Kinder nicht!" Aber Kinder sind neugierig. Sie wollen die Welt entdecken. Dazu gehört auch die Faszination, die von einer Kerzenflamme, von einem Feuer ausgeht. Die Brandschutzerziehung ist daher ein wichtiges Betätigungsfeld für die Feuerwehr, das sie in enger Zusammenarbeit mit Kindergärten und Schulen durchführt. Auf den Lehrplänen der dritten Grundschulklasse steht in vielen Bundesländern ein Besuch bei der Feuerwehr.

Mit Kindern den Notruf üben

Angepasst an die Altersgruppe lernen die Kinder spielerisch den sicheren Umgang mit Feuer. Mit dem Brandschutzerzieher üben sie die Notrufnummer 112 und das Absetzen eines Notrufes. Auf dem Programm steht auch das richtige Verhalten, wenn man Rauch und Feuer entdeckt.

An einem Modellhaus wird den Kindern die Bedeutung des Rauchmelders erklärt.

Der Besuch bei der Feuerwehr gehört zum Höhepunkt der Brandschutzerziehung in der Grundschule.

Der Besuch im Gerätehaus der Feuerwehr darf als Höhepunkt des Unterrichts nicht fehlen. Manchmal weckt er die Begeisterung für die Feuerwehrarbeit und ist der erste Schritt zum Eintritt in die Jugendfeuerwehr. Wichtig ist den Feuerwehren, den Kindern die Angst vor einem Feuerwehrmann in Einsatzkleidung und seinem Atemschutzgerät zu nehmen, denn im Notfall dürfen sie sich vor ihrem Retter nicht verstecken.

Brandschutzhinweise für Senioren

Dabei sprechen die Brandschutzerzieher der Feuerwehr nicht nur die Jüngsten an. Sie suchen auch den Kontakt zu Senioren, vor allem in Altenheimen und bei Seniorentreffs. Hier geht es um die Gefahr von Feuer im täglichen Umgang. Eine auf dem eingeschalteten Herd abgestellte Plastikschüssel oder eine unbeobachtet brennende Kerze auf dem Adventskranz haben schon viele Wohnungen verwüstet und mitunter sogar Menschenleben gefordert. Deshalb stehen der Notruf und die Ausstattung der Wohnung mit Rauchmeldern im Fokus.

An die Mitarbeiter von Firmen und öffentlichen Einrichtungen richtet sich die Brandschutzaufklärung. Sie beantwortet Fragen wie: Wie kann man im Betrieb Brände verhindern? Die Fachleute geben dabei Tipps und zeigen Gefahrenstellen auf. Auch das Bedienen eines Feuerlöschers wird bei solchen Veranstaltungen praktisch erprobt.

Brandwache im Theater

27 Die Feuerwehr sorgt für sichere Kulturveranstaltungen

Wo viele Menschen auf engstem Raum zusammen Kunst und Kultur genießen, ist Sicherheit, auch der Brandschutz, oberstes Gebot. Aus der Geschichte ist der Brand des Ringtheaters in Wien aus dem Jahr 1881 mit 384 Toten bekannt. Auch die Neuzeit blieb nicht verschont. 233 Menschen starben 2013 bei einem Feuer in der Diskothek Kiss im brasilianischen Santa Maria. Einer der schlimmsten Brände in den USA forderte 1990 im „Happyland", im New Yorker Stadtteil Bronx 87 Menschenleben. Und beim gewaltigen Feuer im Grand Theatro 1996 in Venedig mussten sogar Löschhubschrauber eingesetzt werden.

Oberste Priorität hat bei Kulturveranstaltungen stets der Schutz von Leben und Gesundheit aller Besucher und der Beteiligten. Dabei sind nicht alle Gefahren vorhersehbar, mit technischen und baulichen Maßnahmen zu verhindern oder zu bekämpfen. Menschliche Fehleinschätzungen, die

Theaterbrände, hier 1869 die Semperoper in Dresden, stellten die Feuerwehren wegen ihrer Größe und der Brandlast vor große Herausforderungen.

sogenannte „Betriebsblindheit“, technische Störungen, Fehlbedienungen, Verstöße gegen Gesetze und Anweisungen oder kriminelle Handlungen lassen sich nie ganz vermeiden. Deshalb schreibt unter anderem die Versammlungsstättenverordnung bei erhöhter Brandgefahr und bei jeder Veranstaltung auf einer Großbühne und auf Szeneflächen über 200 Quadratmetern Größe eine Sicherheitswache vor.

Der Bereitschaftsdienst der Feuerwehr – Brandsicherheitswache, Theaterwache oder Feuersicherheitswachdienst genannt – soll so einen Brand frühzeitig erkennen, schnell wirksame Gegenmaßnahmen einleiten und damit der Gefahr qualifiziert begegnen. Die Alarmierung weiterer Einsatzkräfte und deren Einweisung vor Ort gehören ebenfalls dazu. Falls erforderlich, ist die geordnete Flucht der Besucher einzuleiten und zu steuern, um eine Panik zu vermeiden.

Der Wachdienst muss auf seinen Kontrollen vor und während einer Veranstaltung auftretende oder drohende Gefahren – dazu zählen auch organisatorische oder bauliche Mängel und Verstöße gegen die Sicherheitsvorschriften – entdecken und deren Abstellung zügig veranlassen. Bei Open-Air-Veranstaltungen gehört auch das Reagieren auf drohende Unwetter dazu.

Für die Zuschauer unsichtbar, aber mit Blick auf die Bühne sitzt die Brandsicherheitswache am Rand der Bühne. Griffbereit hängen Feuerlöscher, Löschdecke, Brandmeldetableau und Auslösung des Schutzvorhangs neben dem Posten.

Traditionell und sportlich

Nationale Wettbewerbe der Feuerwehren

28

Beweglichkeit, Schnelligkeit und Ausdauer sind erforderlich, um erfolgreich Menschen zu retten und Feuer zu löschen. Fitness und Leistungsfähigkeit sind wichtig, um gefährliche Einsatzsituationen unverletzt zu überstehen. Dazu kommt regelmäßiges Gerätetraining, damit die Kameradinnen und Kameraden die Technik schnell und sicher beherrschen. Um beides miteinander zu verbinden – den Spaß am sportlichen Kräftemessen sowie am sicheren Umgang mit den Geräten –, wurden feuerwehrsportliche Wettbewerbe entwickelt. Die Wettkampfpalette reicht dabei vom Kräftemessen mit den Nachbarwehren über regionale und bundesweite Wettbewerbe bis hin zu internationalen Meisterschaften. Die Einhaltung nationaler und internationaler Regeln und Standards macht die Leistungen vergleichbar.

Löschangriff und Hindernislauf beim Wettbewerb

Zum Traditionellen Feuerwehrwettbewerb gehören zwei Disziplinen, der Löschangriff (trocken) und der Hindernis-Staffellauf. Der Löschangriff orientiert sich dabei an den Grundtätigkeiten zum Aufbau eines echten Löschangriffs laut „Feuerwehr-Dienstvorschrift", jedoch ohne die Wasserabgabe. Alle Handlungen – von der Befehlsgebung durch den Gruppenführer, dem exakten Ausrollen der Druckschläuche und dem Kuppeln der Saug- und Druckschläuche bis zum Befehl „Wasser marsch!" – werden von Wettkampfrichtern auf die fehlerfreie Ausführung hin überwacht und mit Punkten bewertet.

Beim Hindernis-Staffellauf müssen unter anderem ein Schwebebalken und eine Hinderniswand überwunden sowie eine Kriechstrecke absolviert werden. Beide Wettbewerbe erfordern Fähigkeiten, wie sie jeder Feuerwehrmann auch im Einsatz braucht. Beide Disziplinen werden in Feuerwehrschutzbekleidung absolviert.

Herausfordernde Wettbewerbe beim Sportwettkampf

Rasanter geht es im Feuerwehrsport zu. Dazu zählen ein 100-Meter-Hindernislauf, das Hakenleitersteigen, die 4-mal-100 Meter-Feuerwehrhindernisstaffel und der Löschangriff (nass), der die Krönung aller feuerwehrsportlichen Betätigung ist. Eine Löschgruppe aus neun Feuerwehrsportlern muss dabei auf einer knapp 100 Meter langen Bahn

Das Hakenleitersteigen aus dem Feuerwehrwettkampf war der Deutschen Post der DDR eine Briefmarke wert. Ausgabetag war der 22. November 1977.

schnellstmöglich Saugleitungen verlegen und an eine Tragkraftspritze anschließen, Druckschläuche verlegen und kuppeln und am Ende der Bahn aus fünf Metern Entfernung in einen Behälter zielen, um ihn mit Wasser zu füllen. Dabei werden Zeiten um die 30 Sekunden erreicht. Die besten Löschgruppen der Welt schaffen das in knapp über 20 Sekunden.

Wettkampf-Unterschiede in Ost und West

Dass es zwei unterschiedliche, in der Aufgabenstellung und dem Wettkampfziel jedoch ähnliche Wettkämpfe gibt, ist der Geschichte der Teilung Deutschlands und Europas in den Ostblock und die westlichen Staaten geschuldet. In beiden Blöcken entwickelten sich die Feuerwehren, also auch der Feuerwehrsport nach dem Zweiten Weltkrieg unterschiedlich. Im Weltfeuerwehrverband CTIF arbeiteten jedoch alle Feuerwehren zusammen.

Höhepunkte sind die jährlichen Weltmeisterschaften im Feuerwehrsport der Internationalen Sportförderation (ISFFR), die alle zwei Jahre stattfindenden Deutschen Feuerwehrmeisterschaften des Deutschen Feuerwehrverbands (DFV) und die alle vier Jahre durchgeführte „Feuerwehr-Olympiade“ des Weltfeuerwehrverbands (CTIF).

Kampf um Sekundenbruchteile

29

Internationale Feuerwehrwettkämpfe im Löschangriff und beim Leitersteigen

Zum internationalen Feuerwehrsport gehören die Disziplinen Löschangriff nass, Hakenleitersteigen, 100-Meter-Hindernislauf, 4-mal-100-Meter-Feuerwehrstafette und, nur für Frauen, die Gruppenstafette. Die attraktivste und publikumswirksamste Sportart ist aber das Hakenleitersteigen. Dabei steigen die Wettkämpfer mit einer Hakenleiter bis in den dritten Stock eines Steigerturms um die Wette auf. Den aktuellen Deutschen Rekord hält Tom Gehlert vom Team Lausitz mit 13,34 Sekunden, den aktuellen Weltrekord der Russe Albert Loginov mit sagenhaften 12,56 Sekunden.

Ein Hindernislauf, der es in sich hat

Beim 100-Meter-Hindernislauf ist eine 2 Meter hohe Eskaladierwand (70 cm hohe Hürde bei den Frauen) zu überwinden. Danach werden im vollen Lauf zwei gerollte C-Schläuche aufgenommen. Die Wettkämpfer müssen mit diesen Schläuchen so schnell wie möglich über einen 8 Meter langen Laufbalken balancieren und diese am Ende ausrollen. Nach 75 Metern wird die Schlauchleitung an einen Verteiler angeschlossen und dann mit angekuppeltem Strahlrohr bis zur Ziellinie durchgezogen. Den

Schnelle Frauen auf dem 8 Meter langen Laufbalken bei den Weltmeisterschaften im Feuerwehrsport

Spektakulär ist das Löschen des Feuers in der Brandwanne beim Wettbewerb 4-mal-100-Meter-Feuerwehrstafette.

deutschen Rekord stellte Tom Gehlert (Team Deutschland) mit 16,44 Sekunden auf. Bei den Frauen ist Lisette Jüngling (Team Brandenburg) mit 17,70 Sekunden die aktuelle Rekordhalterin. Der weltweit schnellste ist der Tscheche Daniel Klavna. Er brauchte nur 14,70 Sekunden.

Bei der Feuerwehrstafette wird's brenzlig

Bei der Feuerwehrstafette haben vier Läufer auf der Stadionrunde mehrere Hindernisse zu überwinden und ein Feuer zu löschen. Der erste Läufer startet mit einer Leiter, mit der er ein 2,5 Meter hohes Haus überwindet. Der zweite klettert über eine Eskaladierwand, der dritte nimmt zwei C-Schläuche auf, überquert den 120 Zentimeter hohen und 8 Meter langen Laufbalken und kuppelt diese zusammen. Und der letzte Läufer nimmt einen Feuerlöscher auf und löscht damit ein Feuer, das in einer Brandwanne auf der Bahn lodert, bevor er die Ziellinie durchläuft. Als Staffelstab zur Übergabe von Läufer zu Läufer wird ein Strahlrohr verwendet. Das dauert in der Regel, wenn alles gut läuft, bei sehr gut eingespielten Teams um die 90 bis 120 Sekunden. Den aktuellen Deutschen Rekord hält das Team Lausitz mit 59,21 Sekunden, den Weltrekord lief im September 2018 wiederum ein russisches Team bei den Feuerwehrsport-Weltmeisterschaften im slowakischen Banská Bystrica mit rasanten 52,92 Sekunden.

Feuer oder Brand?

30

Flammen als Geißel oder Segen

Die Flamme an sich ist gut und nützlich, sie begegnet uns im täglichen Leben überall. Mit ihr können wir kochen, heizen und Behaglichkeit ins traute Heim bringen. Ohne Hitze und Feuer sind viele Industrieverfahren nicht denkbar. Bei alle diesen und weiteren Einsatzmöglichkeiten ist die Flamme gut behütet, wird kontrolliert eingesetzt und bei Bedarf gelöscht.

Was ist ein Feuer oder ein Brand?

In beiden Fällen handelt es sich um einen chemischen Vorgang, den wir als Verbrennung bezeichnen. Läuft diese zum Wohl der Menschen ab, sprechen wir vom Feuer. Richten die Flammen aber Schaden an und geraten außer Kontrolle, sprechen wir vom Brand.

Der Vorgang der Verbrennung hängt im Normalfall an vier Voraussetzungen, erst dann kann es brennen. Das Verbrennungsdreieck zeigt, was es dazu braucht:

- einen brennbaren Stoff wie Holz, Papier, Benzin, Campinggas;
- ein Oxidationsmittel, wie den Sauerstoff in der Luft;
- Energie aus Wärme, Blitzen, Feuerzeugen oder Lichtbogen und
- das richtige Mischungsverhältnis von allem.

Nehmen wir nur eine Komponente aus diesem System heraus, fehlt die Grundlage zur Verbrennung oder der Verbrennungsvorgang bricht zusammen. Und darauf setzen die Brandschutzspezialisten und Feuerwehrleute.

Die „Nahrung" entziehen

Sie verhindern vorbeugend, dass sich eine solche Konstellation überhaupt erst einstellen kann. So verringern sie beispielsweise den Anteil des Luftsauerstoffs in der Umgebung von EDV-Anlagen auf einen Wert von unter 8 Prozent. In den meisten

Fällen geht es aber um die Beseitigung einer der vier Voraussetzungen für die Verbrennung. Löschmittel ersticken die Flammen, kühlen den brennenden Stoff, verhindern den Zutritt von Luftsauerstoff und bringen so das brennende „System" aus dem Gleichgewicht. Diese Maßnahmen führen schließlich zum Abbruch der Verbrennung. Was sich in der Theorie so einfach darstellt, ist jedoch oft nur unter großem technischem Aufwand und auch persönlichem, manchmal sogar lebensgefährlichem Einsatz der Feuerwehrleute zu erreichen. Das gilt vor allem dann, wenn Menschen in Gefahr sind.

Auf einer Baustelle ist der Teerkessel einer Dachdeckerfirma in Brand geraten.

Löschwasser

31

Unübertroffen bei der Brandbekämpfung

Wasser ist schon seit Jahrtausenden das beste Mittel gegen Feuer. Die Vorteile sind vielfältig: Wasser ist preiswert und fast überall verfügbar und es ist für Mensch, Tier und Umwelt ungefährlich. Man kann es in Schläuchen und Rohrleitungen dorthin pumpen, wo man es zum Löschen braucht. Es kann in Tanklöschfahrzeugen zum Brandort transportiert oder aus Flugzeugen und Hubschraubern zur Wald- und Flächenbrandbekämpfung abgeworfen werden.

Wasser verdampft bei 100 °C und nimmt aufgrund seiner physikalischen Eigenschaften so viel Wärme auf wie kaum ein anderer Stoff. Beim Einsatz des Sprühstrahls bilden Millionen winziger Wassertropfen eine riesige Oberfläche zur Wärmeaufnahme. Der Brand kühlt dadurch also ab. Gleichzeitig verdrängt der Wasserdampf den zur Verbrennung erforderlichen Sauerstoff. Setzt man dem Wasser Netzmittel zu, lassen sich die Löscheigenschaften von Wasser noch um ein Vielfaches verbessern.

Wussten Sie schon?

Wo kommt soviel Wasserdampf her? Beim Erhitzen von einem Liter Wasser auf 100 °C entsteht ein Wasserdampfvolumen von ca. 1700 Litern.

Wasser ist das gebräuchlichste Löschmittel.

Netzwasser

32

Effektiv löschen und dabei Löschwasserschäden minimieren

Farbige Löschwasserzusätze machen bei der Waldbrandbekämpfung die bereits benetzten Stellen aus der Luft sichtbar. Diese Methode wird in Nordamerika beim Löschen aus der Luft angewendet.

Um die Löschfähigkeit des Wassers zu verbessern, entwickelten Chemiker und Brandschutzexperten in den letzten Jahrzehnten verschiedene Zusätze für Löschwasser. Mit dem Einsatz von so genannten Netzmitteln wird die Oberflächenspannung von Wasser herabgesetzt und damit die Eindringtiefe des Löschwassers in brennbare Feststoffen erhöht. Dazu setzt man Netzmittel in sehr geringen Zumischraten (max. 1 %) ein. Bei Wohnungs- und Gebäudebränden, aber auch zunehmend bei Wald- oder Flächenbränden nutzen Feuerwehren diese effiziente Löschmethode.

Wenn Löschwasser tiefer ins Brandgut eindringt, wird mehr davon zur Verdunstung gebracht, sodass die Kühlwirkung zunimmt und weniger Wasser ungenutzt abfließt. Damit lassen sich auch die leidigen Löschwasserschäden verringern. Früher bezeichnete man das sogenannte Netzwasser auch als „Light Water".

Damit das Löschwasser besser in den glimmenden Boden eindringt, wurde ihm ein Netzmittel zugemischt.

Chemische Zusätze verändern die Wassereigenschaften

Weitere Zusätze wie Gelbildner (Löschgel) erhöhen die Haftfähigkeit und Viskosität des Löschwassers. Es haftet dann sogar über längere Zeit an senkrechten Wänden und kühlt so die Oberfläche darunter für eine längere Zeit im Vergleich zum Einsatz von reinem Wasser. Positiver Nebeneffekt: Der Löschwasserverbrauch und damit auch die Löschwasserschäden werden verringert. Löschgel lässt sich auch dort sinnvoll einsetzen, wo Wasser knapp ist oder wo in schwer zugänglichen Bereichen gearbeitet werden muss. Bei Bränden von Schüttgütern kann man damit eine luftdichte Sperrschicht schaffen, um die Sauerstoffzufuhr vom Brandgut abzuschneiden.

Retarder sind chemische Zusätze zum Löschwasser, die vor allem zur Waldrandbekämpfung aus Flugzeugen über der Brandstelle abgelassen werden. Dabei handelt es sich um Salze, die die Verdunstung vermindern, den Siedepunkt des Löschwassers erhöhen und teilweise mit der Oberfläche des brennenden organischen Materials reagieren. Mit Retardern wird also die Brennbarkeit eines Materials herabgesetzt. Sie sind orangerot eingefärbt, sodass man bei Abwurf zugleich die Stelle markiert, wo sie und das Löschmittel bereits zum Einsatz kamen, was den Brandbekämpfern eine bessere Orientierung bei ihrem Löscheinsatz gibt.

Löschschaum

33

Geeignet bei Flüssigkeitsbränden

Mit Schaum werden vor allem brennende Flüssigkeiten (Brandklasse B) und Feststoffbrände (Brandklasse A) gelöscht. Die Löschwirkung beruht auf der Kühl- und der Stickwirkung.

Fügt man Wasser ein Schaummittel zu und verwirbelt man das Gemisch in speziellen Schaumstrahlrohren mit Luft, dann entsteht ein Löschschaum unterschiedlicher Dichte und Konsistenz. Deshalb unterscheidet die Feuerwehr in Leicht-, Mittel- oder Schwerschaum. Eine Sonderform ist der Druckluftschaum, der bereits in der Druckzumischanlage an der Pumpe entsteht und als Schaum durch die Schläuche zum Strahlrohr fließt. Dieser kann sehr effektiv eingesetzt werden und erlaubt eine hohe Wurfweite am Strahlrohr.

Der Schaumeinsatz ist in die Kritik geraten, da einige chemische Schaummittel durch fluorhaltige Inhaltsstoffe (Perfluoroctansulfonsäure PFOS) als umweltschädlich und krebserregend gelten. Die Mehrheit der Brände, bei denen Schaum wegen des Brandguts eingesetzt werden muss, lassen sich jedoch mit den fluorfreien Mehrbereichsschaummitteln beherrschen.

Mit Schaum werden Flüssigkeitsbrände wirkungsvoll bekämpft.

Löschpulver

34

Handfeuerlöscher und Pulverlöschfahrzeuge

Seit etwa 100 Jahren wird bei den Feuerwehren, in Büros und an anderen Arbeitsstellen Pulver in Handfeuerlöschern eingesetzt. Die Löschwirkung beruht auf zwei Effekten: Das Pulver schmilzt in der Hitze der Glut und bildet eine Kruste auf dem Brandgut, die den Sauerstoff effektiv abschneidet (Stickeffekt). Zusätzlich verdrängt die kompakte Löschpulverwolke bei offenen Bränden schlagartig den Sauerstoff und unterbricht so die chemische Verbrennungsreaktion (Wandeffekt oder Inhibition).

Pulver ist allerdings nicht universell einsetzbar. Für unterschiedliche brennbare Stoffe gibt es spezielle Löschpulver wie ABC-Pulver, BC-Pulver und D-Pulver, wobei die Buchstaben die Stoffe bezeichnen (Brandklasse A: feste, glutbildende Stoffe; Brandklasse B: brennbare Flüssigkeiten; Brandklasse C: brennbare Gase und Brandklasse D: Metallbrände).

Die Feuerwehren führen selten größere Pulverlöscher als die üblichen Handfeuerlöscher auf ihren Fahrzeugen mit. In manchen Fällen sind aber Pulverlöschanlagen mit 250 oder 750 Kilogramm Füllung eingebaut. Bei Werkfeuerwehren gibt es auch Trockenlöschfahrzeuge, die bis zu 4000 Kilogramm Pulver an Bord haben.

Die Wolke des Pulverlöschers legt sich über die brennende Flüssigkeit und löscht die Flammen.

Die Löschgase

35

Spezialisten zum Löschen

Die Gaswolke des Kohlenstoffdioxid erstickt das Feuer. Bei einer Schulung lernt man die richtige Bedienung eines Feuerlöschers.

Die Feuerwehren setzen Kohlenstoffdioxid (CO_2) vor allem zur Bekämpfung von Flüssigkeitsbränden (Brandklasse B) und in einigen Fällen auch von Gasbränden (Brandklasse C) ein. Seine Löschwirkung beruht auf dem Verdrängen des Luftsauerstoffs vom Brandgut und einer gewissen Kühlwirkung. Letztere entsteht, wenn das Gas aus der Druckgasflasche ausströmt. Dabei entspannt sich der hohe Druck, der in der Flasche herrscht. CO_2 wird bevorzugt bei Bränden in elektrischen und elektronischen Anlagen eingesetzt, da es nicht elektrisch leitend ist und auch keine Rückstände hinterlässt.

Zur Beladung der Löschfahrzeuge gehören 6-Kilogramm-CO_2-Handfeuerlöscher. Bei den Feuerwehren der östlichen Bundesländer sind zum Teil noch Anhänger aus DDR-Zeiten mit Vierflaschen-Geräten (4 x 30 kg CO_2) im Einsatz. Darüber hinaus findet man CO_2 vor allem in stationären Löschanlagen.

Weitere Löschgase sind Stickstoff und Argon, die ebenfalls in Feuerlöschanlagen weit verbreitet sind. In den letzten Jahren bieten spezialisierte Gashändler Stickstoff zum Löschen der gefährlichen Silobrände an.

Backdraft

Rauchgasexplosionen, nicht nur im Spielfilm

36

Im Jahr 1991 kam der Film „Backdraft – Männer, die durchs Feuer gehen" in die Kinos. Ein amerikanischer Actionspielfilm, in dem sich die Familiengeschichte zweier Brüder bei der Feuerwehr Chicago mit der atemberaubenden Inszenierung von Feuersbrünsten vermischt. Regisseur war Ron Howard, in den Hauptrollen spielten Kurt Russel, William Baldwin und Robert De Niro. Bei der Oscarverleihung 1992 war dieser Film zwar gleich in mehreren Kategorien nominiert, wie „Bester Ton", „Bester Tonschnitt" „Beste visuelle Effekte". Er erhielt jedoch keine der begehrten Auszeichnungen.

Die spektakulären visuellen Effekte des Backdrafts sind nicht nur Show. Sie haben einen reellen Hintergrund und mit dem Film konnten sehr viele Einsatzkräfte wachgerüttelt werden, sich in der Atemschutzausbildung und in der Einsatztaktik zur Brandbekämpfung sehr intensiv mit dem gefährlichen Phänomen der Rauchgasdurchzündung (so der deutsche Begriff) auseinanderzusetzen.

Gefährliche Rauchgasexplosion

Erlischt ein Feuer in einem Raum wegen fehlenden Sauerstoffs bald wieder, so bleiben Gase und Dämpfe noch unverbrannt zurück. Die immer bessere bauliche Wärmeisolierung von Räumen vermindert die Frischluftzufuhr und begünstigt diesen Effekt. Die Kunststoffe im Bau und in der Raumeinrichtung fördern die Bildung solcher brennbarer Gase. Im Raum herrscht Unterdruck. Wird die Türe nun geöffnet oder ein Fenster eingeschlagen, dann saugt der Unterdruck den Sauerstoff in den Raum. Dieser vermischt sich mit den brennbaren Gasen und bildet ein zündfähiges Gemisch. Kommt dieses Gemisch nun mit einer Zündquelle, beispielsweise noch glimmenden Brandresten, in Kontakt, dann entzündet sich die Gaswolke explosionsartig. Die Flammen rollen die Decke entlang und schlagen zur Zuluftöffnung heraus.

Wirksame Maßnahmen gegen den Backdraft-Effekt

Die Einsatztaktik sieht daher vor, dass die Einsatzkräfte eine Türe nur aus der Deckung und sehr vorsichtig öffnen. Sie geben zuerst mit Sprühstrahl kurze Wasserstöße an die Decke in den Raum und kühlen damit die heißen Brandgase ab. Dann bewegen sie sich kriechend am Boden durch den Raum und bleiben so unterhalb der Luftschicht mit den heißen brennbaren Gasen.

Filmplakat von „Backdraft – Männer, die durchs Feuer gehen"

Retten – Löschen – Bergen – Schützen

37

Was macht die Feuerwehr?

Die Pflichtaufgaben der Feuerwehr sind zum Beispiel in § 2 des Feuerwehrgesetzes Baden-Württemberg folgendermaßen geregelt: „Die Feuerwehr hat 1. bei Schadenfeuer (Bränden) und öffentlichen Notständen Hilfe zu leisten und den Einzelnen und das Gemeinwesen vor hierbei drohenden Gefahren zu schützen und 2. Zur Rettung von Menschen und Tieren aus lebensbedrohlichen Lagen technische Hilfe zu leisten."

Mit den vier Begriffen Retten, Löschen, Bergen und Schützen werden die Grundtätigkeiten der Feuerwehr beschrieben.

Retten

Retten ist das Abwenden einer Lebensgefahr von Mensch und Tier durch das Anwenden lebensrettender Sofortmaßnahmen und die Befreiung aus einer lebensbedrohlichen Zwangslage durch den Einsatz technische Maßnahmen.

Löschen

Das Löschen von Bränden stellt die klassische Aufgabe der Feuerwehren dar. Überschneiden sich die Aufgaben Löschen und Retten, weil sich gefährdete Personen im Brandobjekt befinden, gilt der Leitspruch: Menschenrettung geht vor Brandbekämpfung!

Bergen

Unter dem Begriff Bergen versteht man die Befreiung und Sicherstellung von leblosen Personen, Kadavern oder gefährdeten Sachgütern. In der Presse werden die Begriffe Retten und Bergen oft falsch verwendet. Lebende Personen und Tiere werden gerettet. Geborgen werden hingegen Tote.

Schützen

Von großer Bedeutung, aber wenig spektakulär ist der Aufgabenbereich des Schützens zur Abwehr von Gefahren für Menschen, Tieren, Sachwerten und der Umwelt. Die Feuerwehr stellt Brandsicherheitswachen bei Veranstaltungen, beseitigt bei Sturm Bäume, die auf Verkehrswege oder Gebäude zu fallen drohen, und verhindert bei Gefahrguteinsätzen die Schädigung der Umwelt. Ein Großteil dieser Arbeit erfolgt in Besprechungen und am Schreibtisch. Die Aufklärung der Bevölkerung über Gefahren sowie die Brandschutzerziehung in Kindergärten und Schulen gehören ebenso dazu wie die Beratungen und Stellungnahmen zum vorbeugenden Brandschutz.

Erfolgreiche Brandbekämpfung

Ein Mix aus Taktik, Technik, Organisation

38

Obwohl sich die Einsatzzahlen zum Feuerlöschen in den letzten Jahren kontinuierlich verringern, gehört die Brandbekämpfung immer noch zu einer der Kernkompetenzen der Feuerwehren. Sie umfasst alle vorbereitenden Maßnahmen und Einsatzhandlungen der Feuerwehrleute an einer Brandstelle, um die Ausbreitung eines Brandes zu verhindern und diesen zu löschen. Das Ziel dabei ist immer, das Feuer in kürzester Zeit und mit einem vertretbaren Aufwand an Personal, Mitteln und Technik zu löschen. Zugleich sollen die unmittelbaren Schäden durch das Feuer wie auch die Folgeschäden so gering wie möglich gehalten werden.

Rettungskette ist entscheidend

Die Brandbekämpfung umfasst alles, was nötig ist, um einen Brand rechtzeitig zu erkennen, ihn zeitnah zu melden, die Feuerwehren zu alarmieren und das Feuer effektiv zu löschen. Dazu gehören technische Maßnahmen wie die Installation von Brandmeldern bzw. Heimrauchmeldern, die Organisation der Brandmeldung über die Notrufnummer 112 oder Feuermeldeanlagen, die Einrichtung von Feuerwehr- und Rettungsleitstellen zur Alarmierung und das Vorhandensein von ausgebildeten Feuerwehrleuten sowie einsatzbereiter Technik der Freiwilligen Feuerwehren, Berufsfeuerwehren, Werkfeuerwehren und betrieblichen Feuerwehren.

Erfolgsfaktor Schnelligkeit

„Klemmt“ es nur an einer Stelle in dieser Kette, kommt es zu Verzögerungen, die Menschenleben kosten können und die Schäden für Haushalte, Betriebe und Einrichtungen wie auch die Volkswirtschaft in die Höhe treiben. Der Faktor Zeit spielt bei Bränden immer eine entscheidende Rolle. Denn selbst ein Großbrand beginnt klein. Je kürzer die Zeitspanne zwischen der Entstehung eines Schadfeuers und dem Beginn der Löschmaßnahmen ist, desto schneller und auch sicherer für ihre eigene Gesundheit und ihr Leben können die Feuerwehrleute löschen.

Zur Vorbereitung der Brandbekämpfung zählt die Aus- und Fortbildung der Feuerwehrleute und das Vorhalten von Fahrzeugen und Ausrüstung entsprechend der Gefahren im zu schützenden Territorium.

Großbrand auf einem landwirtschaftlichen Anwesen

Wie läuft es ab, wenn es brennt?

39

Vorbereitung und Durchführung des Einsatzes

Rückt die Feuerwehr aus, geht sie nach einem bestimmten Handlungsmuster vor. Jede Einsatzkraft kennt ihre Aufgabe dabei genau. Dabei gilt der Grundsatz, mit möglichst geringem Aufwand an Menschen und Technik den größtmöglichen Erfolg zu erzielen.

Die Fahrt zum Einsatzort

Bereits auf der Anfahrt werden über Funk Informationen zum betroffenen Objekt eingeholt. Dabei ist von Interesse, wie das Gebäude genutzt wird. Daraus geht hervor, welche Maßnahmen zu ergreifen sind. Eventuell müssen Menschen aus einem Wohnhaus gerettet werden, oder es müssen besondere Schutzmaßnahmen ergriffen werden, weil in einem Betrieb giftige Chemikalien lagern oder weil in einem Sägewerk mit einer Vielzahl brennbarer Stoffe zu rechnen ist. Falls ein Feuerwehrplan vorliegt, wissen die Feuerwehrleute sofort, wo sich beispielsweise die Wasserentnahmestellen wie Hydranten befinden. Wichtig ist, bereits in dieser Phase die Aufstellung der Einsatzfahrzeuge zu bestimmen. Die Drehleiter muss direkt vor das Gebäude fahren, während das Löschfahrzeug ein Stück entfernt anhalten kann.

Die Lage am Einsatzort richtig einschätzen

Bei der Ankunft an der Einsatzstelle muss der Einsatzleiter ganz zügig ermitteln, was brennt, ob Menschen in Gefahr sind, wo sich diese befinden und auf welchem Weg sie gerettet werden können. Der Einsatzleiter legt den Angriffsweg zur Brandbekämpfung und den Rettungsweg für bedrohte Menschen fest. Wichtig ist herauszufinden, ob es zu einer Explosion

4 A, 1 C, 4 E

An der Einsatzstelle muss sich jede Führungskraft ständig der Gefahren bewusst sein und diese dauernd abklären. Als Merkformel gilt: dass 4 A, 1 C und 4 E zu prüfen und gegebenenfalls zu bewerten sind:

A Ausbreitung, Absturz, Atomare Gefahren, Angstreaktionen
C Chemikalien
E Explosion, Einsturz, Elektrizität, Erkrankungen

Das koordinierte Vorgehen der Einsatzkräfte verhinderte die Ausbreitung des Dachstuhlbrandes in der Häuserzeile.

kommen kann, ob das Haus oder Teile davon einstürzen könnten und welche weiteren Gefahren drohen. In diesem Zusammenhang wird auch entschieden, ob weitere Unterstützung benötigt wird oder ob bereits genügend Einsatzfahrzeuge und Feuerwehrleute vor Ort sind.

Der Einsatzleiter entschließt sich, wie und mit welchen Ausrüstungen er seine Kameraden zum Löschen oder zur Menschenrettung einsetzt. Er kann das Löschen von außen oder im Inneren eines Hauses anweisen. Die Einsatztrupps werden zu verschiedenen Aufgaben eingeteilt und übernehmen mehr oder weniger gefährliche Arbeiten. Der Angriffstrupp geht mit Wasser am Strahlrohr ins Gebäude und meldet seine Beobachtungen über Funk an den Einsatzleiter. Erkundet wird dabei, wo es brennt, was brennt und welche Bereiche durch eine Brandausbreitung gefährdet sind.

Kontrolle der Feuerwehrmaßnahmen

An diese Phase schließt sich die Kontrolle der Wirkung der eingeleiteten Maßnahmen an. Konnten alle Menschen gerettet werden? Breitet sich das Feuer noch aus? Wenn ja, wohin? Entstehen neue Gefahren für die Löschkräfte oder für benachbarte Bereiche?

Wenn die Maßnahmen greifen und sich das Feuer nicht weiter ausbreitet, dann erst heißt es: „Feuer unter Kontrolle!“, bis der Einsatzleiter feststellt: „Feuer aus!“. Sind alle Aufgaben abgearbeitet, übernehmen Polizei oder der Besitzer die Einsatzstelle. Die Feuerwehrleute fahren in die Wache zurück, tauschen die verschmutzten Schläuche aus, ersetzen verbrauchte und defekte Ausrüstungen und melden sich wieder einsatzbereit. Denn man weiß nie, wann der nächste Einsatz kommt.

Ein eingespieltes Team

Neun Einsatzkräfte bilden eine Löschgruppe

40

Ein eiserner Grundsatz der Feuerwehr ist: Es geht immer ein Trupp – mindestens zwei Mann – zum Löscheinsatz vor. Der Trupp geht zusammen ins Feuer und kommt zusammen wieder heraus. Alle Angehörigen eines Trupps achten aufeinander, sie schützen und unterstützen sich in jeder Situation.

Dieser Trupp – Truppmann und Truppführer – ist die kleinste Einheit der Feuerwehr, die im Rahmen der Löschgruppe zum Einsatz kommt. Die Aufgabenverteilung in dieser Gruppe ist präzise in den Feuerwehr-Dienstvorschriften FwDV 3 geregelt.

Die Organisation der Löschgruppe

Eine Löschgruppe besteht aus neun Feuerwehrleuten: Gruppenführer, Maschinist, Melder, Angriffstrupp, Wassertrupp, Schlauchtrupp. Jeder hat in diesem System seine Aufgaben exakt zu erfüllen, da alle Tätigkeiten präzise ineinandergreifen.

Der Gruppenführer teilt die Mannschaft ein, führt die Einheit und ist für deren Sicherheit verantwortlich. Er bestimmt die Fahrzeugaufstellung an der Einsatzstelle und gegebenenfalls den Standort der Tragkraftspritze. Er erkundet die Lage, plant den Einsatz und gibt die Befehle.

Der Melder erfüllt befohlene Aufgaben, beispielsweise bei der Sondierung der Einsatzlage, zur Informationsübertragung, zum In-Stellung-bringen der Steckleiter und beim Betreuen von Personen.

Der Maschinist ist Fahrer und bedient die Feuerlöschkreiselpumpe sowie die im Löschfahrzeug eingebauten Aggregate. Er sichert die Einsatzstelle mit Warnblinkanlage, Fahrlicht und blauem Blinklicht. Er unterstützt bei der Entnahme der Geräte, beim Aufbau der Löschwasserversorgung und auf Befehl auch bei der Atemschutzüberwachung. Der Maschinist ist für das Verladen der Geräte verantwortlich und meldet Mängel.

Der Angriffstrupp rettet Menschen und Tiere, insbesondere aus Bereichen, die nur mit Atemschutzgeräten betreten werden können. Er nimmt in der Regel das erste Strahlrohr vor, setzt den Verteiler und verlegt seine Schlauchleitung, sofern kein Schlauchtrupp zur Unterstützung bereitsteht.

Der Wassertrupp rettet Menschen und Tiere, bringt auf Befehl tragbare Leitern in Stellung. Er baut die Wasserversorgung von der Wasserentnahmestelle zum Löschfahrzeug auf und verlegt die Leitung zum Verteiler. Danach wird der Wassertrupp beim Atemschutzeinsatz zum Sicherheitstrupp oder er übernimmt andere Aufgaben.

Der Schlauchtrupp rettet Menschen und Tiere, stellt für die vorgehenden Trupps die Wasserversorgung zwischen Strahlrohr und Verteiler her. Er bringt auf Befehl tragbare Leitern in Stellung, bedient den Verteiler, bringt zusätzliche Geräte wie Sprungpolster, Beleuchtungsgerät und Hochleistungslüfter zum Einsatz.

Was ist ein Löscheinsatz?

Unter dem Begriff Löscheinsatz wird nicht nur die Brandbekämpfung, sondern jede Tätigkeit der Feuerwehr mit dem Strahlrohr verstanden, etwa zum Schutz der vom Brand bedrohten Nachbargebäude, zum Niederschlagen giftiger Dämpfe oder zum Schutz gefährdeter Personen. Interessant ist, dass die Aufgabenverteilung in der Löschgruppe bei den Feuerwehren im deutschsprachigen Raum Europas im Prinzip fast identisch ist.

Eine Löschgruppe ist in den 1960er-Jahren zu einer Übung angetreten. An den Leibchen erkennt man die Funktionen (von links): Kreis halb gefüllt = Gruppenführer; Kreuz = Maschinist. Hinter ihm steht verdeckt der Melder; L = Löschtrupp (damalige Bezeichnung für Angriffstrupp); W = Wassertrupp; S = Schlauchtrupp.

Wenn viele Personen verletzt sind

41

Systematische Hilfe bei Massenunfällen, Attentaten und Naturkatastrophen

Bei Eisenbahn- oder Busunfällen, bei Bränden und Havarien in Großbetrieben oder Diskotheken sowie bei Attentaten oder Amokläufen stehen Feuerwehrleute plötzlich vor dutzenden oder noch mehr verletzen oder getöteten Menschen.

Dann werden viele – oft hunderte – Feuerwehrleute, Rettungskräfte und Notärzte gebraucht. Überregionale Unterstützung ist in solchen Fällen dringend nötig. Damit diese möglichst schnell greifen kann, braucht es Festlegungen zur Alarmierung, der Heranführung der unzähligen Hilfsmittel und Krankenwagen sowie eine räumliche Gliederung an solchen katastrophalen Unglücksstellen.

Für diese Ereignisse prägte man den Begriff „Massenanfall von Verletzten", kurz MANV. Durch die Einordnung beispielsweise in MANV 10, MANV 50 oder MANV 100 werden gezielt die vorgeplanten Mengen an Personal und Material sowie Führungsmittel und -strukturen für ein Ereignis mit 10, 50 oder 100 Patienten zum Einsatz gebracht. Das bringt System in die Rettung, Behandlung und Versorgung der Verletzten und Traumatisierten.

Regelmäßig üben Rettungskräfte den Massenanfall von Verletzten, um Erfahrungen zu sammeln. Hier wurde der Unfall eines voll besetzten Linienbusses angenommen.

Gefahrgut

42

Eine ganz alltägliche Bedrohung

Was auf Deutschlands Straßen, Schienen, Wasserwegen oder per Luftfracht transportiert wird, möchte man oft gar nicht so genau wissen. Besonders dann, wenn es sich um Gefahrgut handelt. Dazu zählt alles, was das Leben und die Gesundheit von Menschen und Tieren oder die Umwelt schädigen kann. Zu Gefahrgut gehören Flüssigkeiten, Feststoffe, Stäube und Gase, von denen einige brennen oder explodieren können. Andere sind ätzend, giftig, oder radioaktiv. Es gibt zigtausende Gefahrstoffe.

Wenn die Feuerwehren zu einem Unfall oder einer Havarie gerufen werden, müssen sie zuerst wissen, mit welchen Stoffen sie es vor Ort zu tun haben werden. Dazu sind an den Transportfahrzeugen orangefarbene Gefahrentafeln angebracht, auf alle Verpackungen sind Gefahrenzettel aufgeklebt, und in den Transportpapieren sind entsprechende Unterlagen vorhanden.

Feuerwehrleute erkennen an den Symbolen, Ziffern und Zahlenkombinationen, mit welchen Gefahren sie konfrontiert werden und wie sie sich schützen können. Viele Feuerwehren sind für Gefahrguteinsätze speziell ausgebildet und ausgerüstet.

Schutzkleidung und Messtechnik benötigt die Feuerwehr, um gefährliche Stoffe aufzuspüren und zum Schutz der Umwelt zu beseitigen.

Spezialisten am Seil

Menschenrettung aus Höhen und Tiefen

43

Wenn Riesenräder oder Achterbahnen versagen, wenn Fensterputzer an Hochhausfassaden in Not geraten oder der Schwelbrand in einer Dehnfuge in den oberen Etagen eines Wohnhauses Probleme verursacht, dann kommen mutige Frauen und Männer von den Höhenrettungsgruppen der Feuerwehren zum Einsatz, die für solche Extremsituationen ausgebildet sind.

Höhenrettung mit speziellem Gerät

Die Gruppen zur „Speziellen Rettung aus Höhen und Tiefen" (früher: Höhenrettungsdienst oder Spezieller Rettungsdienst) verfügen über eine spezielle Ausrüstung, deren Einsatz sie immer wieder trainieren. Sie arbeiten am Seil hängend und werden von Sicherungs- und Rettungssystemen gehalten, die ursprünglich aus der Bergrettung stammen. In Sitzschlingen oder Tragen gesichert, werden die verletzten Personen am Seil oder dem einer Seilbahn ähnlichen Schrägseil sicher zu Boden gelassen.

Weitere typische Einsätze sind Unfälle oder plötzliche Erkrankungen von Kranführern, Kletterunfälle, Suizidversuche und Rettungseinsätze an Hochhäusern. Mitunter müssen auch verletzte Personen aus tiefen Schächten, Steinbrüchen, Baugruben oder Silos gerettet werden, in die sie gestürzt sind. Ein neues Einsatzgebiet entstand mit den Windparks.

Methoden und Material aus der Bergrettung

Der Entschluss zum Aufbau einer Spezialeinheit zur Höhenrettung stammt aus den späten 1970er-Jahren. Ostberliner Feuerwehrleute ließen sich damals an der Technik und den Methoden des Bergrettungsdienstes ausbilden und entwickelten diese für die Feuerwehren weiter. Die Ausrüstung bestand aus Seilen von 120 Metern Länge, Karabinerhaken, Seilbremsen, Sitzgeschirren sowie den bei den Feuerwehren schon seit Urzeiten eingesetzten Hakenleitern. Damit konnten die Spezialisten jeden beliebigen Punkt an einem Gebäude, in beliebig großer Höhe oder in der Tiefe erreichen. Internationales Aufsehen erregten 1985 die Höhenrettungs-Vorführungen bei den Internationalen Feuerwehrmeisterschaften des Weltfeuerwehrverbands CTIF in Dresden. Ab 1986 wurden die Höhenrettungsgruppen flächendeckend in den Berufsfeuerwehren der großen Städte Ostdeutschlands eingeführt.

Anpassung an westdeutsche Regularien

Nach der politischen Wende lösten sich die Sondereinheiten bis auf die Gruppe der BF Magdeburg auf. Mit der Übernahme des bundesdeutschen Regelwerks wie DIN, Unfallverhütungsvorschriften und Feuerwehr-Dienstvorschriften durften die Gerätschaften, die in der DDR im Einsatz waren, nicht mehr genutzt werden. Zusammen mit Unfallversicherungsträgern gelang es den Magdeburger Verantwortlichen jedoch, die Ausbildung in der Speziellen Rettung aus Höhen und Tiefen angepasst an eingeführte Vorschriften mit teils neuen Ausrüstungen fortzuführen.

1993 gründete die Feuerwehr Frankfurt am Main die erste westdeutsche Höhenrettungsgruppe. Den Durchbruch brachten 1994 die Vorführungen der Magdeburger Feuerwehr am 70 Meter hohen Hermesturm auf dem Hannoveraner Messegelände zur Weltleitmesse „Interschutz – Der Rote Hahn". Danach bauten viele Berufsfeuerwehren sowie einige Freiwillige Feuerwehren Höhenrettungsgruppen auf.

In einer spektakulären Rettungsaktion seilten am 30. Juli 2017 die Höhenretter der Kölner Feuerwehr 65 Fahrgäste nach Seilbahnhavarie über den Rhein aus mehreren Gondeln ab.

Tierrettung durch Feuerwehren

Nicht selten wird es hier exotisch

44

Wenn Tiere in Gefahr sind oder wenn von Tieren eine Gefahr ausgeht, rücken die Feuerwehren aus. Bis zu 40.000-mal im Jahr passiert das im Schnitt. Typische Einsätze im ländlichen Raum sind Hof- und Stallbrände, in Güllegruben gestürzte Rinder oder Pferde oder in feuchten Gräben und im Morast feststeckende Tiere. Auch wenn im Winter Enten oder Schwäne in zugefrorenen Gewässern feststecken, hilft die Feuerwehr.

Unfälle mit Tiertransportern sowie Wildunfälle aller Art kommen dazu. In die Schlagzeilen schaffen es aber meist Ereignisse mit mehr oder weniger gefährlichen Exoten wie Echsen, giftigen Spinnen oder Schlangen. Vor allem Berufsfeuerwehren haben gut ausgebildete Tierretter in ihren Reihen, die mit Tierärzten, Reptilienspezialisten und Zoologischen Gärten zusammenarbeiten und von diesen beraten werden. Bei manchen Wehren gibt es sogar spezielle Gerätewagen für die Tierrettung mit Käfigen, Fangstöcken und -schlingen.

Oben: Nach einem Autobahnunfall eines Tiertransporters befreite die Feuerwehr eine Kuh und sicherte sie an der Leitplanke.
Unten: Bei einem Ritt über den zugefrorenen Schlämmteich eines Kieswerks brach das Pferd ein. Es konnte von der Feuerwehr gerettet werden.

Hinweis

Die Rettung von Nutztieren wie Rindern, Schafen, Pferden oder auch von Blindenhunden ist kostenfrei. Ansonsten kann eine Tierrettung für den Halter teuer werden. Einheitliche Regelung gibt es jedoch nicht.

Der First Responder

45

Schnelle medizinische Hilfe von der Feuerwehr

Angehörige finden ihren Großvater morgens leblos im Bett, eine Frau bricht auf der Straße mit Herzinfarkt zusammen, ein Kind fällt aus seinem Stockbett und verliert das Bewusstsein. Jetzt ist schnelle medizinische Hilfe gefragt. Minuten entscheiden über Leben und Tod. Es rücken der Notarzt und der Rettungswagen aus. In vielen Orten machen sich zusätzlich First Responder der Feuerwehr auf den Weg, um das „therapiefreie Intervall" zu verkürzen und zu überbrücken. Die Feuerwehrleute leben vor Ort. Sie haben einen kürzeren Weg als der Rettungsdienst und treffen bereits kurz nach dem Notruf ein. Denn je schneller qualifizierte medizinische Maßnahmen ergriffen werden, umso günstiger sind die Prognosen für den Heilungsverlauf des Patienten.

Ein First-Responder-Fahrzeug mit den Taschen, in denen die Ausstattung für die Erste medizinische Hilfe steckt.

Erste qualifizierte Hilfe, bis der Arzt eintrifft

Der englische Begriff „First Responder" heißt übersetzt „erstes Eingreifen". Die Aufgaben der First Responder sind umfangreich. Sie leisten Erste Hilfe und leiten lebensrettende Maßnahmen wie eine Reanimation ein. Sie weisen aber auch den anrückenden Rettungsdienst ein, bringen die Rettungshubschrauberbesatzung vom Landeplatz zum Notfallort oder geben Rückmeldungen an die Einsatzzentrale. First Responder unterstützen darüber hinaus den Rettungsdienst bei seiner Arbeit und betreuen betroffene Angehörige.

Freiwilliger Dienst für schnelle Hilfe

Der First-Responder-Dienst zählt nicht zu den Pflichtaufgaben einer Feuerwehr. Er wird von ihren Mitgliedern freiwillig ausgeübt. Bei Rettungsdienstorganisationen kennt man diese Einheiten unter der Bezeichnung Helfer vor Ort (HvO). Aus den USA kommend, verbreitete sich die Idee der First Responder ab Anfang der 1990er-Jahre bei den Feuerwehren in Deutschland. Anfänglich stand die schnelle Hilfe bei Herzinfarkten im Fokus. Denn jede Minute zählt, um irreversible Schäden des Gehirns in Folge der fehlenden Sauerstoffversorgung abzuwenden. Schnell erweiterte sich das Aufgabenfeld der First Responder dann auf alle lebensbedrohlichen Erkrankungen und Verletzungen. Und auch wenn der Rettungswagen eine längere Anfahrt hat, fahren in vielen Fällen die First Responder zur Ersten Hilfe voraus.

Spezielle Schulung der First Responder

Einsatzkräfte, die diese Aufgabe zusätzlich zum Feuerwehrdienst übernehmen, besuchen dafür Lehrgänge von etwa 80 Stunden Dauer. Je nach Größe der Wehr, ihrer Struktur und der Häufigkeit der Alarmierungen haben sich verschiedene Dienstmodelle etabliert. Größere Wehren schaffen aus eigenen Mitteln zwei Personenwagen als First-Responder-Fahrzeuge an, die nicht im Gerätehaus stehen, sondern die der Diensthabende bei sich hat, um von zuhause oder vom Arbeitsplatz aus unverzüglich zum Notfall starten zu können. Dieses Vorgehen spart kostbare Zeit, denn der Umweg über die Feuerwache, um dort das Fahrzeug zu holen, entfällt. Kleinere Wehren, oder solche in Orten, in denen die Wege kurz sind, haben ein First-Responder-Fahrzeug im Gerätehaus. Viele First-Responder-Einheiten haben ihren Einsatzleitwagen oder Mannschaftstransporter mit dem Notfallequipment beladen. Dieses umfasst einen umfangreicheren Erste-Hilfe-Koffer, den Defibrillator zur Wiederbelebung und Sauerstoff für die Beatmung.

Die Rettungsgasse

46

Freie Fahrt für die Retter

„Verkehrsunfall auf der Autobahn – Person eingeklemmt!". Bei einem solchen Alarm zählt jede Minute. Nicht selten kommt es aber vor, dass sich die Einsatzfahrzeuge von Feuerwehr, Rettungsdienst und Polizei mühsam einen Weg durch den Rückstau vor der Unfallstelle bahnen müssen. Minute um Minute geht so wertvolle Zeit verloren.

Die Straßenverkehrsordnung schreibt vor, dass immer, wenn der Verkehr stockt, eine freie Bahn für Rettungsfahrzeuge geschaffen werden muss (§ 11 Abs. 2). Zwischen äußerster linker Fahrspur und den rechts daneben liegenden Fahrbahnen liegt die Rettungsgasse. Daher vier Tipps: Denken Sie bei den ersten Anzeichen einer Staubildung beim Anhalten an die Rettungsgasse und lenken Sie an den äußeren Rand ihrer Fahrspur. Halten Sie etwa fünf Meter Abstand zum Vordermann, um bei Bedarf noch rangieren zu können. Halten Sie die Gasse ständig offen. Selbst wenn schon ein Fahrzeug mit Sondersignal an Ihnen vorbeigefahren ist: Es können jederzeit weitere Rettungsfahrzeuge folgen. Und seien Sie ein Vorbild. Der nachfolgende Verkehr wird durch Ihr richtiges Verhalten zum Mitmachen motiviert. Je schneller die Rettungsarbeiten abgeschlossen sind, desto zügiger geht es für alle weiter.

Auf Autobahnen und Straßen mit mehreren Fahrspuren weichen die Fahrzeuge auf der linken Spur nach links aus. Fahrzeuge auf den übrigen Spuren orientieren sich nach rechts.

Das große Zugunglück

Eschede bleibt in Erinnerung

47

Mit 200 Stundenkilometern entgleisten am Mittwoch, den 3. Juni 1998, um 10.59 Uhr die meisten Waggons des ICE 884 „Wilhelm Conrad Röntgen" unter einer Brücke bei Eschede nahe Celle in Niedersachsen. Die gut mit Reisenden besetzten Wagen des zu dieser Zeit modernsten und schnellsten Reisezugs Deutschlands schoben sich krachend und berstend haushoch in- und aufeinander. Die Wucht der auf die Pfeiler der Straßenbrücke aufschlagen-

den ICE-Wagen war so groß, dass die Brücke einstürzte und einige Waggons unter sich begrub. Der Triebkopf und die ersten Wagen des Zuges wurden abgerissen und kamen erst einige hundert Meter hinter der Brücke zum Liegen. Dazwischen erstreckt sich ein breites Trümmerfeld.

Alarmierung für ein beispielloses Großschadensereignis

Um 11.03 Uhr setzte die Alarmierung aller verfügbaren Feuerwehren, Rettungsdienste, Polizei und Bundespolizei der Region ein. Wenig später begann ein Einsatz, dessen traumatisierende Eindrücke vielen Rettern lange in Erinnerung bleiben und manchen noch lange verfolgen sollten.

Das Zugunglück bei Eschede forderte 101 Todesopfer.

In mühevoller Handarbeit durchsuchten die Rettungskräfte die Trümmerteile bei dem Zugunglück.

Um 11.07 Uhr treffen die ersten Feuerwehrleute der FF Eschede an der Brücke ein und stehen fassungslos vor dem Chaos. Viele Verletzte schreien um Hilfe, und auch Tote sind in den Wagentrümmern zu sehen. Einigen Passagieren kann sofort und schnell geholfen werden. Die Suche nach den in Trümmern und demolierten Waggons eingeschlossenen Menschen ist hingegen sehr schwierig. Zur damaligen Zeit fehlte entsprechend leistungsfähiges Werkzeug, um die hochfesten Legierungen der Außenhaut und die Konstruktionsteile des Zuges gewaltsam zu öffnen. Nur die wenigsten der Waggontüren ließen sich ohne Hilfsmittel öffnen. Auch die Spezialverglasung der Waggon-Fenster war nur mühsam mit Feuerwehräxten einzuschlagen.

Einsatz unter erschwerten Bedingungen

Über Leitern arbeiten sich die Feuerwehrleute in die Waggons vor. Vielen Verletzten konnte auf diese Weise geholfen werden. Zur Befreiung der in den zerstörten Abteilen eingeklemmten Personen wurden hydraulische Rettungsgeräte eingesetzt. Schwierig war für die Einsatzkräfte, dass zu diesem Zeitpunkt niemand wusste, wie viele Fahrgäste eigentlich im Zug saßen.

Das Technische Hilfswerk (THW) wurde mit seiner speziellen Ausrüstung für die Bergung alarmiert, die Bundeswehr stellte Bergepanzer bereit und private Kranfirmen eilten zu Hilfe, um die über- und miteinander verkeilten Waggons voneinander zu lösen. Feuerwehrleute, Rettungsdienstmitarbeiter, Notärzte, private Helfer und THW-Helfer arbeiteten Hand in Hand, um die Menschen aus den Trümmern zu befreien und in schnell vor Ort eingerichteten Verletztensammelstellen zu betreuen.

1900 Einsatzkräfte, die meisten von Feuerwehren und Rettungsdiensten, kamen beim Zugunglück bei Eschede zum Einsatz.

Rettungskräfte und Seelsorger arbeiteten Hand in Hand

Im Lauf der ersten Stunde sind bereits über 50 Ärzte im Einsatz. Ab 12.05 Uhr fliegen die Rettungshubschrauber die ersten Schwerstverletzten in umliegende Krankenhäuser. Bis 13.00 Uhr wurden insgesamt 87 Verletzte aus den Trümmern gerettet, 69 mit Rettungswagen in Krankenhäuser transportiert. Ab 14.00 Uhr ging man davon aus, dass keine weiteren Passagiere mehr lebend zu retten wären. Auch die ersten Toten wurden zu diesem Zeitpunkt geborgen. Bis Mitternacht sollte ihre Zahl auf 78 ansteigen. Noch in der Nacht begannen Seelsorger und Psychologen mit der Betreuung der Angehörigen der Opfer, die zur Unglücksstelle gekommen waren.

Die Aufräumarbeiten und die Suche und Bergung der zahlreichen Opfer des Unglücks zieht sich danach noch über mehrere Tage und Nächte. Am Mittwochnachmittag waren 1900 Rettungskräfte, darunter 600 Feuerwehrleute, mit insgesamt rund 400 Fahrzeugen vor Ort. Sie konnten etwa 190 leicht- bis schwerverletzten Menschen helfen. Erst am Samstagmorgen war der Einsatz beendet. Das Unglück forderte insgesamt 101 Tote.

Aus dem Einsatz in Eschede haben alle Beteiligten eine Menge gelernt. Heute steht er für den Beginn einer systematisch organisierten und qualifizierten Betreuung von bei Einsätzen traumatisierten Helfern. Die Bahn rüstete die ICE-Züge so um, dass Fenster als Notausstiege dienen und die Feuerwehren erhielten leistungsfähige Rettungsgeräte, um hochfeste Materialien zu schneiden.

Schwerer Busunfall

Einsatz mit vielen Toten und Verletzten

48

Am Sonntagvormittag des 26. September 2010 erhöhte die Integrierte Leitstelle Lausitz in Cottbus den kurz vorher abgegebenen Alarm „Verkehrsunfall Bus – A 10, Berliner Ring" auf „Massenanfall von Verletzten Stufe 4, Schönefelder Kreuz". Ein mit 51 Personen besetzter polnischer Reisebus war bei regennasser Fahrbahn am Autobahnkreuz gegen einen Brückenpfeiler gekracht. Dabei riss die linke Seite des Fahrzeugs fast auf der ganzen Länge auf.

Die Unfallstelle bot ein Bild der Verwüstung

Den ersten Feuerwehrleuten aus den brandenburgischen Gemeinden Zeuthen-Miersdorf, Wildau und Königs Wusterhausen bot sich ein Bild von Tod und Verwüstung. Fahrzeugtrümmer, Reisegepäck, Kleidung, tote und verletzte Frauen und Männer lagen auf der Fahrbahn, und auch im Bus herrschten chaotische Zustände. Ein solches Bild der Verwüstung hatten die Einsatzkräfte, die schon oft zu Unfällen auf die vielbefahrene Autobahn A 10 ausrücken mussten, noch nie gesehen.

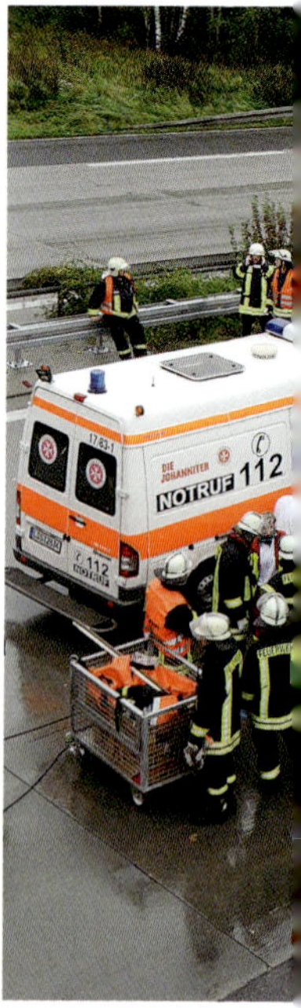

Die Feuerwehrleute brachten bei Dauerregen und Temperaturen von um die 12 °C Rettungsplattformen zur Befreiung der noch im Bus liegenden und zum Teil eingeklemmten Verletzten in Stellung. Sie unterstützten die Rettungsdienstmitarbeiter bei der Betreuung der Verletzten auf der Straße sowie der zahlreichen unter Schock planlos umherirrenden Leichtverletzten.

Ein leitender Notarzt und der Leiter der Schnelleinsatzgruppe Rettungsdienst des Landkreises koordinierten die Verletztenversorgung und deren Betreuung. Im Schutz einer Autobahnbrücke richteten sie mit Zelten den Verbandsplatz ein.

Großaufgebot an Hilfskräften

Insgesamt waren acht Freiwillige Feuerwehren (sieben aus dem Kreis Dahme-Spreewald und die FF Bohnsdorf aus Berlin), der Rettungsdienst mit Rettungs- und Notarztwagen aus vier Brandenburger Landkreisen sowie sechs Rettungshubschrauber im Einsatz.

Durch eine straffe Einsatzstellenorganisation gelang es den rund 300 Einsatzkräften, unter der Führung des Einsatzleiters der FF Miersdorf relativ zügig die Verletzten nach der Befreiung aus dem Bus vor Ort ärztlich zu versorgen und in umliegende Krankenhäuser zu bringen. Ein sprachliches Problem erschwerte die Erfassung der Patienten, doch dank der beherzten Unterstützung einer zufällig anwesenden polnischen Studentin mit guten Deutschkenntnissen, gelang es schließlich, die Betroffenen zu registrieren. So konnten die Angehörigen in der polnischen Heimat informiert werden. Die Betreuung der traumatisierten Betroffenen und auch der von den Eindrücken an der Einsatzstelle traumatisierten Feuerwehrleute und Rettungsdienst-Mitarbeiter übernahmen Notfallseelsorger und Einsatz-Nachsorgeteams. Der brandenburgische Ministerpräsident und der polnische Botschafter in Deutschland besuchten noch vor Abschluss der Rettungsarbeiten die Unfallstelle. Die grausige Bilanz des Unfalls: 14 Tote, 16 Schwer- und 21 Leichtverletzte.

Feuerwehren und Rettungsdienst arbeiten Hand in Hand bei der Rettung der Verletzten.

Die Gefahr lauert im Keller

Tödlicher Unglücksfall im Innenangriff

49

Trotz guter Ausbildung der Feuerwehrleute und bewährter und stetig geübter Taktik, moderner Technik und Ausrüstung kommt es beim Löschen in verrauchten Gebäuden mitunter zu Unfällen mit schweren Verletzungen und auch zu Todesfällen. Solche Ereignisse sind in Deutschland zum Glück sehr selten und werden dann stets intensiv ausgewertet.

Während der Brandbekämpfung in einem mehrere tausend Quadratmeter großen Keller eines Bürogebäudes auf dem Universitätscampus im niedersächsischen Göttingen geriet am Abend des 27. Juli 2006 gegen 20.30 Uhr ein Feuerwehrmann der Freiwilligen Feuerwehr Göttingen in eine solche Notsituation. Er verlor in dem stockdunklen, mit vielen Möbeln und Einbauten verstellten, vollkommen verrauchten und bereits sehr heißen Untergeschoss die Orientierung. Erst nach einer sehr aufwändigen Rettungsaktion konnte er von anderen Einsatzkräften aus dem Gebäude gebracht werden. Wiederbelebungsversuche durch einen Notarzt verliefen dann aber ergebnislos. Weitere Einsatzkräfte verletzten sich unter den extremen Einsatzbedingungen ebenfalls.

Aufwändige Suche im Dunklen

Eine Unfallkommission untersuchte den Vorfall. Der verunglückte Angriffstruppführer hatte keinen Notruf „Mayday" abgesetzt. Seinen abgebrochenen Funkspruch „... keine Luft mehr ..." hatte die Atemschutzüberwachung dennoch als Mayday-Ruf gewertet und sofort den Sicherheitstrupp eingesetzt. Dieser verlor in dem verzweigten Kellergeschoss mit zahlreichen Lagerbereichen und einer Bar ebenfalls die Orientierung und geriet selbst wegen Luftmangels in Not. Ein durch eine Feuerwehrleine gesicherter Feuerwehrmann blieb mit Teilen seiner persönlichen Schutzausrüstung an Inneneinrichtungen hängen und verlor den Kontakt. Auch er konnte die Suche nicht mehr fortsetzen.

Nach einem Hinweis über Funk ging ein weiterer Rettungstrupp vor und hörte in der völligen Dunkelheit plötzlich das Funkgerät des Vermissten. Nun wurde über Funk gezählt, damit der Trupp sich an den Geräuschen orientieren konnte. So fand er den verunfallten Feuerwehrangehörigen und trug ihn zu einem anderen Einstieg zum Keller. Hier wurde er durch einen Lichtschacht mithilfe weiterer Kameraden nach oben gezogen.

Kellerbrände bergen vielfältige Gefahren. Hier wird der Keller mit Schaum geflutet.

Vom Unfall bis zur Übergabe an den Rettungsdienst vergingen jedoch etwa 45 Minuten.

Folgen für weitere Einsätze

In Auswertung des Unfalls wurden Konsequenzen für Ausbildung, Ausrüstung und Einsatztaktik bei der Brandbekämpfung in komplexen Gebäuden gezogen. So empfahl man die Verstärkung der üblichen Zweimann-Trupps durch einen dritten oder vierten Mann, die Stärkung der Atemschutzausbildung mit Notfalltrainings für den Rettungseinsatz sowie den Einsatz von Wärmebildkameras zur besseren Orientierung und Personensuche im Gebäude. Außerdem gelten seither verschärfte Prüfanforderungen an Atemschutzgeräte in Bezug auf die thermische Belastung.

Gefährliche Einsätze – Silobrände

Feuerwehrleute verletzt und getötet

50

Brände in großen Siloanlagen gehören mit zu den gefährlichsten Einsätzen. Zum einen bilden die vorhandenen Stäube bei Aufwirbelung ein hochexplosives Luft-Staub-Gemisch, zum anderen sind die Brandherde oder Glutnester in den großen und hohen, geschlossenen Behältern nur sehr schwer zu lokalisieren.

Staubexplosionen fordern immer wieder Opfer bei den Feuerwehren. So kam es am 15. August 2003 zu einem schweren Explosionsunglück an einem 50 Meter hohen Futtermittelsilo im thüringischen Niederpöllnitz. Während des Einsatzes wurden zwei Feuerwehrleute getötet und drei zum Teil schwer verletzt.

Tödliche Staubexplosionen in Niederpöllnitz und Worms

Beim Entleeren eines 120-Tonnen-Getreidesilos waren mehrere Brandnester entdeckt worden. Kurz nach 23.25 Uhr alarmierte die zentrale Leitstelle Ostthüringen in Gera die FF Niederpöllnitz sowie die FF Frießnitz und den Kreisbrandmeister. Rauch drang in der elften Ebene aus der Deckelung und ebenfalls aus der Auslassöffnung des Silos. Während des Einsatzes stürzte nach einer Staubexplosion die Decke im elften Stockwerk des Getreidesilos ein und begrub fünf Feuerwehrleute unter sich. Drei von ihnen konnten nach einer mehrstündigen Suche, auch mit Unterstützung der Helfer vom Technischen Hilfswerk mit Abstütztechnik, schwer verletzt gerettet werden. An der Rettung und Bergung der Feuerwehrleute beteiligten sich rund 250 Helfer.

Wie unberechenbar Einsätze in solchen Anlagen sind, zeigt auch ein Beispiel aus Worms (Rheinland-Pfalz). Bei der Explosion eines 38 Meter hohen Silos in einer Mälzerei direkt am Rhein verunglückte Ende November 2008 ein 24 Jahre alter Feuerwehrmann tödlich, sieben weitere Löschkräfte wurden verletzt, drei von ihnen lebensgefährlich. Die Freiwillige Feuerwehr Worms war nach einer Explosion zu dem Schwelbrand gerufen

Wie kommt es zum Brand im Silo?

Manchmal gelangen heiße Fremdkörper in den Silo und setzen das Lagergut in Brand. Oxidation und mikrobiologische Prozesse führen zur Erwärmung der Schüttung. Die Temperatur steigt an bis zur Selbstentzündung.

worden. Zwei Stunden später kam es während des Einsatzes zu einer weiteren und noch stärkeren Explosion, die Außenhaut des Silos aus Metall wurde auf mehreren Metern aufgerissen.

Der tödlich verunglückte Kamerad wurde in 35 Metern Höhe von der Explosion überrascht und unter Betontrümmern eingeklemmt und verschüttet. An der Rettung der verunglückten Feuerwehrleute waren rund 250 Helfer beteiligt.

Gründung der Opitz-Neubauer-Stiftung

Gerade nach dem tragischen Ereignis in Niederpöllnitz gab es eine große Anteilnahme und breite Spendenbereitschaft, um die Angehörigen der Getöteten und die an den Folgeschäden leidenden Kameraden zu unterstützen. Daraufhin entschied sich der Thüringer Feuerwehrverband, mit einer Stiftung auch andere Kameradinnen und Kameraden, die im Einsatz verunglücken oder infolgedessen erkranken, bzw. deren Angehörige zu unterstützen. Zum Gedenken an die beiden Niederpöllnitzer Kameraden Winfried Opitz und Holger Neubauer erhielt die Sozialstiftung den Namen Opitz-Neubauer-Stiftung. Einer der Vorsitzenden des Stiftungsbeirates ist René Opitz, der Sohn eines verunglückten Kameraden.

Die enorme Wucht einer Staubexplosion in einem Silo zeigt diese Lithographie. Eine Getreidestaubexplosion zerstörte im Jahr 1887 die Neue Wesermühle in Hameln.

Brände in Wald und Flur

51 Katastrophale Waldbrände gibt es nicht nur in Südeuropa

Das Jahr 2018 war in Deutschland wieder ein „Waldbrandjahr", wie die Feuerwehrleute sagen. Allein in Brandenburg gab es über 300 Wald- und Flächenbrände, wobei die größten und gefährlichsten auf den munitionsbelasteten Geländen ehemaliger Militärliegenschaften tobten. Gebiete also, die weder mit Löschtechnik noch von Löschmannschaften betreten werden können – die Gefahren sind hier einfach zu groß.

Der größte Brand im August 2018 weitete sich auf über 300 Hektar aus. Erstmals in der jüngsten Vergangenheit mussten bei Treuenbrietzen ganze Dörfer kurzzeitig evakuiert werden, um die Bewohner vor drohenden Gefahren durch Feuer und Rauch zu bewahren. Löschhubschrauber kamen zum Einsatz und es gab eine Diskussion um den Einsatz von Löschflugzeugen in Deutschland.

Einen weiteren Schwerpunkt bildeten die vielen Feldbrände auf noch nicht abgeernteten oder gerade in der Ernte befindlichen Getreidefeldern. Bei der langen, über Monate andauernden Trockenheit genügte schon der kleinste Funke, um die ausgedörrten Flächen in Brand zu setzen. Die zahlreichen Flächenfeuer hielten die Männer und Frauen der Freiwilligen Feuerwehren der ländlichen Gebiete über Monate im Atem. Manche Wehren standen tagelang im Dauereinsatz. Eine echte Belastung für das überwiegend auf Freiwilligkeit basierende Deutsche Feuerwehrsystem.

Mehr Waldbrände durch Klimawandel

Doch nicht nur die „gewohnten" Waldbrandkatastrophen in Südeuropa – also Griechenland, Spanien und Portugal –, sondern auch die ungewöhnlich großen Waldbrände in Nordeuropa, etwa in Schweden, forderten die nationalen Löschmannschaften. Hier kannte man bisher solche Ereignisse gar nicht. Deutsche Feuerwehren und Waldbrandspezialisten halfen im August 2018 sogar in Schweden.

Übrigens warnen Umweltökologen davor, dass die bisher „nur" saisonal auftretenden Flächenbrände in Südeuropa schon in wenigen Jahren zur ganzjährigen Dauergefahr werden. Dann könnten, bedingt durch den Klimawandel, Trockenheit, heiße Winde und ausbleibender Regen Flächenbrände stetig begünstigen. Ein Blick um 500 Jahre zurück zeigt uns, dass dieses Phänomen nicht ganz neu ist. Etwa im 15. Jahrhundert wurden weite Teile Mitteleuropas nach jahrelang anhaltenden Trockenperioden von einer verheerenden Dürre und gewaltigen Wald- und Flächenbränden verwüstet. Damals starben tausende Menschen.

Früherkennungssysteme können helfen

Bei dem heute bestens organisierten Löschwesen wird so etwas nicht mehr geschehen, doch auch die beste technische und organisatorische Vorbereitung kann vor größeren Schäden nicht bewahren. Obwohl das Land Brandenburg über das weltweit wohl modernste Waldbrandfrüherkennungssystem in seinen ausgedehnten Forsten und Heideflächen verfügt, konnte es zu zahlreichen Großbränden kommen. Die Feuerwehren müssen also die Entwicklungen des Gefahrenpotenzials ständig im Auge behalten und sich permanent den wachsenden Anforderungen in Organisation, Ausbildung und Ausrüstung sowie durch moderne Technik und Einsatzführung anpassen. Eine gewaltige Aufgabe.

Ein Waldbrand breitet sich rasant im dichten Nadelholzbestand aus. Das Feuer aufzuhalten, fordert viele Einsatzkräfte.

Die Lüneburger Heide brennt!

Der bis dahin größte Waldbrand in Deutschland

52

Wochenlang hatte es in Niedersachsen nicht geregnet und die Temperaturen lagen im August 1975 beständig über 30 °C. Am 8. August 1975 brach bei Gifhorn ein Waldbrand aus, der sogar den Elbe-Seitenkanal überspringen konnte. Dann ging es Schlag auf Schlag. Innerhalb weniger Tage entwickelte sich aus 163 Wald- und Heidebränden in den Kreisen Celle, Gifhorn und Lüchow-Dannenberg die größte Waldbrandkatastrophe in der Geschichte der Bundesrepublik Deutschland. Die Flammen konnten sich in den Monokulturen aus Fichten und Kiefern schnell ausbreiten. Weil die Löschkräfte die Brandstellen nur mit großer Mühe auf den unbefestigten Wald- und Heidewegen erreichten, wurden 82 Quadratkilometer Wald vernichtet. Später stellte es sich heraus, dass die Brände in einigen Fällen durch fahrlässige oder vorsätzliche Brandstiftung herbeigeführt worden waren.

Löschwasser wurde rasch sehr knapp

Flüsse, Bäche und Löschteiche führten nach der langen Trockenperiode kaum Wasser, und so behinderte akuter Löschwassermangel die Maßnahmen zusätzlich. Im Pendelverkehr legten Tanklöschfahrzeuge weite Wege zum Wassertransport zurück. Einsatzkräfte verlegten kilometerlange B-Schlauchleitungen, Pioniere der Bundeswehr bauten eine 7,5 Kilometer lange Rohrleitung und fluteten sogar eine Erdgasleitung. Die Bahnfeuerwehr Hannover stellte einen Schienenlöschzug zusammen. An vier Kesselwagen mit jeweils 45.000 Litern hing ein Plattformwagen, auf dem ein Tanklöschfahrzeug (TLF) 16 stand. Den Wehren fehlten solche Tanklöschfahrzeuge. So gab es davon im Kreis Lüchow-Dannenberg nur zwei, von denen eines bei Celle im Einsatz stand. Es musste dann zudem eilig zurückbeordert werden, als auch im Heimatkreis ein Waldbrand ausbrach.

Massiver Kräfteeinsatz

Etwa 15.000 Feuerwehrleute aus dem Bundesgebiet beorderte man mit etwa 3800 Fahrzeugen nach Niedersachen, um eine Wasserversorgung aufzubauen und die Brände zu löschen. Etwa 11.000 Bundeswehrsoldaten schlugen mit schwerem Pioniergerät breite Schneisen in den Wald, an denen das Feuer aufgehalten werden sollte. Polizei und Bundesgrenzschutz schickten Wasserwerfer. Auch das THW und die Rettungsdienstorganisationen unterstützten die Einsatzmaßnahmen.

Das Land Niedersachsen rief aus dem waldbranderfahrenen Frankreich drei Löschflugzeuge Canadair CL-215 zu Hilfe. Sie nahmen Wasser aus dem Steinhuder Meer auf oder wurden auf dem Flugplatz Celle betankt und warfen je Flug 6000 Liter zum Schutz von bedrohten Gehöften und Ortschaften ab. Oft verdampfte das Löschwasser schon über den Wipfelbränden, bevor es wirksam werden konnte. Unermüdlich flogen auch die Piloten des Feuerwehrflugdienstes Niedersachsen mit ihren drei Hubschraubern und den 500 Liter fassenden Löschwasserbehältern. Die Einsatzkräfte funktionierten weitere Hubschrauber von Polizei, Bundesgrenzschutz und Bundeswehr zum behelfsmäßigen Abwurf von Wassersäcken um.

Eine trostlose verbrannte Landschaft hinterließ der Sommer 1975 in der Heide.

Tragisch: 6 tote Kameraden

Das Schlimmste geschah: Bereits am ersten Tag verstarb Gifhorns Kreisbrandmeister an einem Herzinfarkt. Und zwei Tage später schloss die Feuerfront bei rasch wechselnder Windrichtung fünf Kameraden der Feuerwehren Fallersleben und Hohenhameln mit ihrem Tanklöschfahrzeug ein. Es gab für sie kein Entrinnen aus den 20 Meter hohen Flammen. Ein Gedenkstein bei Meinersen erinnert an diese Tragödie.

Die Lehren

Diese Brandkatastrophe führte zu einer ganzen Reihe von Maßnahmen: Niedersachsen erließ eine Technische Weisung für das geländegängige Tanklöschfahrzeug TLF 8 W auf Unimog Fahrgestell. Die Feuerwehren erhielten detailliertere Karten, um sich mit der Forstverwaltung und der Bundeswehr besser abzustimmen. Mehrere Bundesländer bauten ihren Feuerwehrflugdienst zur Früherkennung von Waldbränden aus der Luft aus. Für den Löscheinsatz von Hubschraubern beschaffte man geeignete Außenlastbehälter und stimmte die Einsatztaktik ab.

Da die Kreis- und Landesverwaltungen mit ihren Krisenstäben nicht auf die Bewältigung einer derart großen und komplexen Schadenslage vorbereitet waren, intensivierte man die Schulung von Feuerwehrführungskräften zur taktischen Anleitung großer Einsatzverbände.

Fit fürs Ehrenamt

53 Wie wird man Feuerwehrmann?

Da dieses besondere Ehrenamt sehr spannend und vielfältig, aber nicht ganz ungefährlich ist, muss Frau oder Mann im Vorfeld etwas an Freizeit investieren. Die Feuerwehrausbildung ist dafür aber einzigartig und universell. Wo sonst lernt man, in ein brennendes Haus zu laufen und anschließend heil wieder herauszukommen? Und dabei vielleicht noch ein Menschenleben zu retten?

Ausbildung muss sein

Um sich für eine Tätigkeit bei der Freiwilligen Feuerwehr zu qualifizieren, bleibt es nicht aus, dass man für das Grundlagenwissen noch einmal etwa 80 Stunden die Schulbank drückt. Für Abwechslung sorgen praktische Übungen und Gerätetrainings an den Einsatzfahrzeugen bei der örtlichen Freiwilligen Feuerwehr oder in einer Kreiszentrale. Immer populärer wird auch die Nutzung von eLearning, um sich die Theorie anzueignen.

Zu den Schulungsthemen gehören Informationen zu Gefahren wie Flammen, Hitze, Atemgifte, Elektrizität, Angst oder Einsturz sowie Grundlagen in Erste Hilfe und etwas Rechtskunde. Besonders die Feuerwehrtaktik und die Handhabung der vielen Geräte sind Schwerpunkte des Ausbildungsprogramms. Geübt wird stets in der Gruppe – Teamwork ist Bedingung. Kameradschaft bedeutet, sich auf den Menschen im Trupp, besonders wenn es brenzlig wird, uneingeschränkt verlassen zu können. So entstehen besondere Beziehungen, auch soziale Kompetenzen, die man heute im Beruf und in der Gesellschaft leider oft vermisst.

Zwei Jahre Einsatzvorbereitung

Ist diese erste Hürde geschafft, wird man zwei Jahre lang von erfahrenen Kameraden in regelmäßigen Übungsstunden auf den praktischen Einsatz vorbereitet. Man lernt so das Leben in der Gemeinschaft der Wehr kennen. Bei einem Alarm darf man schon mit ausrücken – allerdings nur bis zur Gefahrengrenze. Die Kameraden zu unterstützen und bereits Aufgaben eigenverantwortlich zu übernehmen, hilft, Erfahrungen zu sammeln und die notwendige Sicherheit im Umgang mit den Geräten zu bekommen. Nach diesen zwei Jahren und einigen zusätzlichen Schulungen – Sprechfunk, Atemschutz, Maschinist etc. – ist man dann fit für den Einsatz.

Jeder Feuerwehrangehörige soll nach Abschluss seiner Grundausbildung jährlich mindestens 40 Stunden an Übungen und Fortbildungen teilnehmen.

Unter Anleitung erfahrener Einsatzkräfte lernt der Nachwuchs das Löschen von Bränden.

Man lernt nie aus

54

Feuerwehrschulen gibt es in jedem Bundesland

Am Anfang der Feuerwehrlaufbahn steht das praktische und theoretische Erlernen der Grundlagen. Das erfolgt abends oder am Wochenende bei den örtlichen Feuerwehren oder im Rahmen der Kreisausbildung. Der Einsatz unter Atemschutz, die Schulung der Maschinisten, die Einweisung in den Sprechfunk – diese und viele andere Themen werden dann in der Regel auf Kreisebene geschult. Engagierte Ausbilder vermitteln ehrenamtlich und in ihrer Freizeit ihr Wissen. In jedem Bundesland gibt es eine oder mehrere Feuerwehrschulen mit hauptamtlichem Lehrpersonal. 18 Schulen sind es insgesamt, alleine drei davon in Bayern. Träger dieser Schulen ist das jeweilige Bundesland. Ihre Zielgruppen sind der Führungsnachwuchs, die Führungskräfte, Ausbilder und Spezialisten.

Vielfältiges Programm der Feuerwehrschulen

Der Veranstaltungskatalog 2026 der in Bruchsal ansässigen Landesfeuerwehrschule Baden-Württemberg listet 54 Lehrgänge, Fortbildungen und Seminare auf. Führungsausbildungen zum Gruppenführer oder Kommandanten, Ausbilder für Drehleitermaschinisten, Hilfeleistung

An den Übungsgebäuden lernt der Führungsnachwuchs seine Aufgaben kennen, hier bei einem Tiefgaragenbrand.

Staatliche Feuerwehrschule Regensburg mit der 2400 Quadratmeter großen Übungshalle, dem Wohnturm, den Übungsgebäuden und dem Fuhrpark

In den Lehrsälen der Feuerwehrschule kommen Planspielhäuser und neue Medientechnik kombiniert zum Einsatz.

und Brandbekämpfung auf Binnenschiffen, ABC-Einsatz, ABC-Erkundung, Gerätewarte, Medien- und Öffentlichkeitsarbeit, Stabsführer der Feuerwehrmusik, Vorbeugender Brandschutz, Schulung zum Jugendfeuerwehrwart, Einführung in die Notfallseelsorge oder Grundsätze der Stabsarbeit sind einige weitere Angebote.

Die Dauer der Seminare ist unterschiedlich. Manche behandeln ihr Thema an einem Tag. Andere Lehrgänge, wie Gruppen- oder Zugführer, dauern in Baden-Württemberg zwei Wochen. Die Unterbringung der Lehrgangsteilnehmer erfolgt auf dem Schulgelände. Wer an einem Kurs teilnimmt, braucht dafür keinen Urlaub zu nehmen, sondern wird wie für den Einsatzdienst auch von der Arbeit freigestellt. Der Arbeitgeber kann sich den Ausfall von der Kommune als Träger der Feuerwehr erstatten lassen. Die Feuerwehrschulen gehen mit der Zeit und nutzen moderne Lehrmethoden. So führen einige Schulen derzeit eLearning ein, um zum Lehrgangsbeginn auf einem einheitlichen Wissensstand aufzubauen.

Die Laufbahnausbildung im mittleren und gehobenen Dienst der beruflichen Feuerwehren sowie zum Leitstellendisponenten findet ebenfalls an einigen Landesfeuerwehrschulen statt.

Elektronischer Helfer

55

Feuerwehr-App für Sachsens Freiwillige Wehren

Hilfe aus dem Tablet: Seit 2016 schauen die Einsatzleiter der Freiwilligen Feuerwehren in Sachsen an der Einsatzstelle auf ihr iPad Air und rufen die Feuerwehr-App „FwA 16/2“ auf. Diese App, die auch auf Smartphons nutzbar ist, stellt der Freistaat kostenlos zur Verfügung. Die Zugänge zur Registrierung gingen über die Gemeinden an die Wehren.

Die von der TU Bergakademie Freiberg entwickelte App verbessert die Sicherheit der Einsatzkräfte, unterstützt die taktische Einsatzabwicklung und erleichtert die Zusammenarbeit im Katastrophenfall. Im Kern enthält die Anwendung folgende Einzelmodule:

- Atemschutzüberwachung mit Atemluftverbrauchsprognose (Rückzugszeit und Gesamteinsatzdauer);
- Rettungsdatenblätter für Kraftfahrzeuge;
- Gefahrstoffdatenbank (mit Maßnahmen bei Feuer, zur Ersten Hilfe, zum Eigenschutz der Einsatzkräfte);
- Hydrantenplan (digitalisierte Karten etc.) und
- Dokumentenbibliothek (Feuerwehrpläne etc.).

Über die App bekommt der Einsatzleiter schnell alle wichtigen Informationen über das Gebäude und kann seine Einsatztrupps sicher führen.

Das Feuerwehrhaus

Treffpunkt für Dienst und Kameradschaft

56

Feuerwachen sind stets auch ein Aushängeschild einer Stadt oder Gemeinde. An ihrem Zustand und Aussehen wird sichtbar, wie diese zu ihrer Feuerwehr steht. Das Spektrum geht von architektonisch spektakulären Gebäuden über moderne und funktionale Bauwerke bis hin zu einfachsten Zweckbauten. Manchmal sind es auch nur Schuppen. Das hängt natürlich vor allem von der Größe und der Finanzkraft einer Gemeinde ab. Moderne Gebäude verfügen über Fahrzeughallen, Werkstätten, Schulungsraum, Teeküche sowie Umkleide-, Sanitär-, Lager-, Verwaltungs- und Bürobereiche. Meist überdauern die Gebäude mehrere Generationen. Ein neues Feuerwehrhaus einzuweihen, kommt sehr selten vor und ist ein Highlight im Leben einer Freiwilligen Feuerwehr.

Feuerwehrhaus, Feuerwache oder Gerätehaus

Das Feuerwehrhaus heißt je nach Land und Region oder Tradition auch Feuerwache, Gerätehaus oder Gerätemagazin. Früher gängig war in Deutschland die Bezeichnung Spritzenhaus, manchmal kombiniert mit dem örtlichen Karzer (Arrestzelle). Typisch ist der oft weithin sichtbare Schlauchturm am Gebäude, der zum Trocknen der gewaschenen Schläuche, aber auch zur Ausbildung mit Leitern und für Rettungsübungen genutzt wird.

Moderne Feuerwehrwachen, wie das 1996 eröffnete Gebäude der Freiwilligen Feuerwehr Radeberg, gliedern sich in die Fahrzeughalle, den Schlauchturm und das Gebäude mit Lehrsaal, Werkstätten, Büros und Aufenthaltsraum.

Auch wenn das Gerätehaus bei den Freiwilligen Feuerwehren – im Gegensatz zu den Feuer- und Rettungswachen der Berufsfeuerwehren und Freiwilligen Feuerwehren mit hauptamtlichen Kräften – nicht ständig besetzt ist, ist es häufig der Dreh- und Angelpunkt des kameradschaftlichen Lebens. Es ist so wichtig wie die Fahrzeuge und die Technik, die darin stehen. Hier finden die Ausbildungen und Schulungen, die regelmäßigen Dienste zur Fahrzeugpflege und die kameradschaftlichen Treffen statt.

112 Jahre lang, von 1903 bis 2015 diente dieses Gerätemagazin der Freiwilligen Feuerwehr Schwenningen als Unterkunft und Heimat.

In manchen Orten sind Gemeindeverwaltung, Bauhof, Feuerwache und Dorfzentrum in einem Gebäudekomplex untergebracht. Die Treue zum Haus belegt eindrucksvoll die Wehr der Peenestadt Neukalen in Mecklenburg-Vorpommern, die seit 1878 ihre Gebäude nutzt. Viele der Häuser werden im Lauf ihres langen Lebens immer wieder um- und ausgebaut sowie modernisiert. Sehr oft übernehmen die Kameraden dabei viele Arbeiten in Eigenleistung.

Zweckmäßig und optisch klar gegliedert präsentiert sich dieses Gerätehaus.

Schutzkleidung

57

Helm, Jacke, Hose, Handschuhe und Stiefel

Die Schutzkleidung der Einsatzkräfte muss vielen Anforderungen gerecht werden, denn an der Einsatzstelle lauern eine Menge Gefahren. Sie muss die enorme Hitze und den Rauch einer Brandstelle aushalten und zugleich vor Kälte, Nässe und Wind schützen. Für jede Einsatzkraft stellt die Kommune als Träger der Feuerwehr die persönliche Schutzausrüstung aus Brandschutzjacke, Hose, Stiefeln, Handschuhen und Helm zur Verfügung. Diese Ausstattung kostet etwa 1000 Euro. Dabei läuft der Einkauf einer neuen Feuerwehrschutzkleidung ganz anders ab, als wenn man sich privat einen neuen Anzug zulegen möchte. Im Bekleidungsgeschäft würde man vielleicht zuerst auf Farbe und Muster des Stoffes sowie die Gestaltung der Knöpfe schauen. Dann probiert man das Stück an, um zu sehen, ob das, was bei der Auswahl am Kleiderständer gefallen hat, einem auch steht und ob es gut sitzt.

Bei der Feuerwehrausstattung läuft das ein wenig anders. Es geht es unter anderem um den mehrlagigen Aufbau des Gewebes, die Hitze- und Dampfsperren, die Materialien von Jacke und Hose, die Schutzpolster, den Schnitt für maximale Bewegungsfreiheit, den Schnitt der Taschen sowie die Art, Farbe, Anzahl und Anordnung von Reflexstreifen, um die Anerkennung als Warnkleidung zu erhalten. Auch sind die Hinweise zu beachten, wie Jacke und Hose zu waschen oder zu reinigen sind. Und erst ganz zum Schluss stellt sich dann die Frage nach Optik und Farbe.

Wenn nötig, muss zur Brandbekämpfung Atemschutz angelegt werden. Auf der Anfahrt zur Einsatzstelle rüstet sich der Angriffstrupp aus: Atemschutzmaske, Flammschutzhaube, Pressluftatmer, Lampe und Leinenbeutel nimmt jeder mit. Der Truppführer hat zusätzlich Funksprechgerät und Wärmebildkamera im Gepäck.

Gewichtige Ausrüstung

Die vollständige Ausrüstung auf dem Foto aus Jacke, Hose, Sicherheitsstiefeln, Helm mit Klappvisier, Handschuhen, Atemschutzgerät, Atemschutzmaske, Flammschutzhaube, Leinenbeutel, Lampe, Funkgerät und Wärmebildkamera kam auf die Waage. Das Ergebnis: 33 Kilogramm. Wenn der Feuerwehrmann im Innenangriff noch ein C-Schlauchpaket mit Strahlrohr mitnimmt, kommen weitere ca. 13 Kilogramm hinzu.

Helm mit Klappvisier
Atemschutzmaske
Flammschutzhaube
Pressluftatmer
Leinenbeutel
Lampe
Wärmebild-
kamera
Brandschutzjacke
Schutzhandschuhe
Schutzhose
Einsatzstiefel

Hermetisch abgeschirmt

58

Chemikalienschutzanzüge schützen vor gefährlichen Stoffen

Die Feuerwehr muss auch dann handlungsfähig bleiben, wenn Menschen, Tiere oder die Umwelt durch den Austritt von Gefahrgut gefährdet sind. Die Brandschutzkleidung und der Pressluftatmer schützen nicht vor allen aggressiven und gesundheitsgefährdenden Medien. Um zu verhindern, dass ätzende oder giftige Stoffe bzw. bakteriologische und radioaktive Substanzen über die Haut aufgenommen werden, gibt es spezielle gas-, flüssigkeits- und staubdichte Chemikalienschutzanzüge. Sie bestehen aus mehrlagigem Material, das eine hohe Barriere gegen chemische Stoffe aufbaut.

Zur Luftversorgung trägt die Einsatzkraft dann einen Pressluftatmer im Anzug. Über das Funkgerät steht sie mit dem Einsatzleiter in Kontakt. Allerdings ist die Arbeit in diesem Anzug sehr anstrengend und schweißtreibend und daher aus Sicherheitsgründen auf 20 Minuten begrenzt. Vor dem Auskleiden muss der Anzug sorgfältig dekontaminiert werden. Je nach Stoff, mit dem er in Kontakt gekommen ist, reicht es aus, ihn mit Wasser abzuspritzen.

Zwei Einsatzkräfte stecken in Chemikalienschutzanzügen und bergen bei einer Übung ein Fass.

Atemschutzgeräte

59

Retten, Löschen und Arbeiten im Rauch

Mit dem nach vorne gestreckten Bein werden im Kriechgang Hindernisse oder Stolperstellen ertastet. Bei der Übung ist die Maske zugehängt, um die stark eingeschränkte Sicht im Rauch zu simulieren.

Bei der Verbrennung entstehen toxische Rauchgase. Bei Gefahrguthavarien treten gesundheitsschädliche Stoffe aus. Vor diesen Gefahren muss sich die Einsatzkraft schützen, um nicht selbst hilflos vor dem Rauch zu stehen. Ohne speziellen Atemschutz könnten die Einsatzkräfte Brände immer nur aus großer Entfernung bekämpfen. Tiere und Menschen zu retten, bedeutet aber meist, sich in die Gefahrenzone zu begeben. Daher entwickelten die Feuerwehren Apparate, die ihnen das Eindringen in eine lebensfeindliche Atmosphäre ermöglichen.

Rund 30 Minuten Luft für den Einsatz

Das Atemschutzgerät, das die Einsatzkraft wie einen Rucksack am Rücken trägt, besteht aus einer oder zwei Flaschen, in denen mit einem Druck von 200 bis 300 bar Luft gespeichert ist. Über einen Druckminderer strömt sie durch einen Schlauch zum Atemregler an der Atemschutzmaske. Diese Maske schützt Gesicht und Augen des Trägers. Damit von außen kein Rauch oder andere gefährliche Stoffe eindringen, muss sie dicht sitzen. Daher tragen Atemschutzträger keinen Vollbart.

Zwei Atemschutzträger löschen bei einem nächtlichen Einsatz einen brennenden Pkw.

Bei Geräten mit 200 bar Druck sind zwei Flaschen mit je vier Liter Inhalt üblich. Das ergibt einen Luftvorrat von etwa 1600 Litern. Je nach körperlicher Anstrengung und Luftbedarf des Trägers beträgt die Einsatzzeit etwa eine halbe Stunde. Daher kontrollieren die Einsatzkräfte den Druck immer wieder auf einem Manometer. Dieser gibt bei einem Restdruck von etwa 60 bar ein lautes, unüberhörbares Warnsignal. Grundsatz bei einem Atemschutzeinsatz ist, dass von Anfang an ein Rettungstrupp bereitstehen muss, um im Notfall ohne jeglichen Zeitverzug eingreifen zu können.

Nicht jeder darf mit Atemschutz arbeiten

Eine Dienstvorschrift regelt die Ausbildung sowie die Übungen und Einsätze der Feuerwehrleute unter Atemschutz. Voraussetzung ist ein Mindestalter von 18 Jahren und die körperliche Eignung. Diese berufsgenossenschaftliche Untersuchung muss in regelmäßigen Abständen bei speziell zugelassenen Ärzten wiederholt werden. Hinzu kommen die abgeschlossene Feuerwehrgrundausbildung, der Besuch des Lehrgangs für Atemschutzgeräteträger und eine regelmäßige Teilnahme an Fortbildungen und Übungen.

Schläuche verbinden

Ohne Schläuche kann man nicht löschen

Viele Schläuche schlängeln sich rund um die in Brand stehende Lagerhalle. Die Szene erinnert an Spaghetti auf dem Mittagsteller. Aber in dem scheinbaren Wirrwarr steckt System. Jede Schlauchleitung hat ihren Anfang bei der Wasserentnahmestelle und lässt sich bis an ihr Ende am Strahlrohr verfolgen. Schläuche verschiedener Größe von A über B und C bis D können dabei zum Einsatz kommen.

Name	Durchmesser	Länge	Füllmenge
Saugschlauch			
A	110 mm	1,6 m	190 l
Druckschläuche			
B	75 mm	20 m	88 l
C	42 mm	15 m	21 l
D	25 mm	5 m	2,5 l

Die A-Saugleitung hängt an der Pumpe in einem Gewässer. Kommt das Wasser aus einem Hydranten, dann gelangt es im B-Schlauch zur Pumpe. Von der Pumpe unter Druck gesetzt, fließt das Wasser durch eine B-Druckschlauchleitung dann zum Verteiler. Dieser hat drei Ausgänge. Sollen ein B-Rohr oder ein Schaumrohr zum Einsatz kommen, dann wird an der B-Kupplung in der Mitte die weitere B-Schlauchleitung angekuppelt. An den linken und rechten Ausgang passen nur C-Schläuche, die das C-Strahlrohr mit Wasser versorgen. Mittels eines Reduzierstücks von B auf C lässt sich auch am mittleren Ausgang des Verteilers eine dritte C-Schlauchleitung anschließen. Den C-Schlauch ziehen die Einsatzkräfte hinter sich her, wenn sie zur Brandbekämpfung in ein verrauchtes Haus eindringen. Je nach Größe des Gebäudes können das mehrere aneinandergekuppelte Schläuche sein, die, mit Wasser gefüllt, jeweils knapp 30 Kilogramm wiegen. Das kann dann schon mal zu einer anstrengenden Plackerei werden.

Der D-Schlauch hat den kleinsten Durchmesser der Feuerwehrschläuche. Am häufigsten sieht man ihn an der Kübelspritze. Auch bei der Waldbrandbekämpfung bewährt er sich zunehmend, weil er leichter ist und so über längere Strecken nachgezogen werden kann.

Für einen Außenstehenden ein Wirrwarr an Schläuchen, für den Insider ein geordneter Aufbau von mehreren C-Rohren bei einer Übung.

Um einzelne Schläuche aneinanderzuhängen, braucht es Kupplungen. Im deutschen Sprachraum und den meisten Nachbarländern hat sich die Storzkupplung durchgesetzt. Leidvoll mussten die Bewohner der Ortschaft Öschelbronn bei Pforzheim am 10. September 1933 erleben, dass viele zum Dorfbrand zur Hilfe eilenden Feuerwehren nicht helfen konnten, weil sich die Schläuche nicht miteinander verbinden und nicht an Hydranten anschließen ließen. Als Lehre aus diesem Großbrand ordnete man an, in Deutschland alle Schläuche mit der Storzkupplung zu versehen.

Der holländische Kunstmaler und Brandmeister Jan van der Heyden erfand Druckschläuche aus Leder, die 1673 bei einem Brand in Amsterdam erstmals zum Einsatz kamen. Bis in die 1950er-Jahre nutzten die Feuerwehren die aus Hanf gewobenen Schläuche. Deren Fasern quollen vom durchfließenden Wasser auf. Erst dann war der Schlauch dicht. Ihre Pflege war allerdings aufwändig. In dem früher zu jedem Gerätehaus gehörenden Schlauchturm mussten die Schläuche nach dem Einsatz sorgfältig trocknen, damit sich kein Schimmel bildete. Mit der Zeit wechselte man zu den pflegeleichteren und dichten, innen gummierten Schläuchen, die aus strapazierfähigen Kunstfasergeweben hergestellt werden.

Ganz lange Leitung

Das „Guinness-Buch der Rekorde" erkannte die fast 46 Kilometer lange Schlauchleitung an, mit der Jugendfeuerwehren in Ostbayern Wasser aus Hohenfels nach Amberg förderten. In die Leitung bauten sie 115 Tragkraftspritzen ein, als sie am 12. Juni 1999 die längste wasserführende Feuerwehrschlauchstrecke der Welt kuppelten.

Im Prinzip kann man Schläuche unendlich aneinander kuppeln. Um allerdings Wasser zu fördern, ist man auf Verstärkerpumpen angewiesen. Wenn man davon ausgeht, dass der Ausgangsdruck der Pumpe 8 bar beträgt, der Eingangsdruck bei der nächsten Pumpe nicht unter 2 bar fallen sollte und die Reibung im Schlauch den Druck alle 100 Meter um etwa ein bar sinken lässt, dann muss in der Ebene alle 600 Meter eine Pumpe in die Schlauchleitung eingesetzt werden. Kommen Steigungen hinzu, verringert sich der Abstand. Pro 10 Höhenmeter fällt der Druck um 1 bar.

Wasser aus dem Boden

61

Hydranten zapfen das Leitungsnetz an

Zum Löschen, das haben wir schon mehrfach erwähnt, braucht die Feuerwehr meist Wasser. Es kann aus Brunnen oder Gewässern wie Bächen, Flüssen, Seen oder Feuerlöschteichen Wasser angesaugt werden. Aber nicht überall gibt es diese natürlichen Wasserquellen. Die Brandschutzgesetze der Länder legen fest, dass die Gemeinden für eine ausreichende Löschwasserversorgung zu sorgen haben. Wo keine natürliche Wasserquelle vorhanden ist, übernehmen Hydranten diese Aufgabe. An ihnen entnimmt die Feuerwehr Löschwasser, und das kommt direkt aus dem Wasserleitungsnetz. Weit verbreitet sind Unterflurhydranten, die durch einen Deckel am Boden verschlossen sind. Mit einem Hydrantenschlüssel öffnet der Feuerwehrmann den Deckel und dreht den Schieber auf. Das Standrohr wird auf der Wasserleitung aufgesetzt und durch zwei B-Schlauchleitungen fließt das Wasser zur Feuerlöschpumpe. Alternativ gibt es die Oberflurhydraten. Sie sind fest auf der Wasserleitung montiert und ragen aus dem Boden. Rot lackiert, fallen sie im Straßenbild schnell auf.

Besonderheit: Württemberger Schachthydrant

In Teilen Württembergs liegt der Hydrant etwa einen Meter tiefer im Boden als sonst in Deutschland üblich. Damit möchte man der Gefahr des Einfrierens im Winter begegnen. Die Anregung für den Schacht-

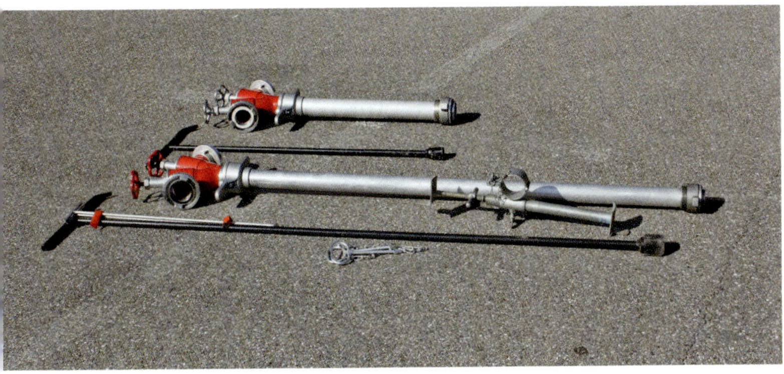

Größenvergleich: Das Württemberger Standrohr und sein Hydrantenschlüssel sind etwa einen Meter länger als die deutsche Ausführung.

Das Schild an der Wand gibt die Position des Hydranten an. Dieser muss vor dem Ankuppeln der Schläuche gespült werden.

hydraten, der von einem großen runden Deckel verschlossen wird, geht auf ein Patent aus London von 1840 zurück. Zur Beladung von Einsatzfahrzeugen in Württemberg gehören Standrohre in beiden Längen, um in jedem Fall die Löschwasserversorgung sicherzustellen.

Tipp der Feuerwehr

Parken Sie nicht über dem Hydranten! Wenn Fahrzeuge auf oder direkt neben einem Hydrantendeckel stehen, verliert die Feuerwehr viel Zeit beim Aufbau der Wasserversorgung, weil sie den nächsten Hydraten suchen und mehr Schläuche verlegen muss. Auf der Straße fallen die ovalen Deckel auf. In ihrer Nähe sieht man am Gartenzaun, an der Hauswand oder an einer Stange das Hydrantenschild. Die Feuerwehr erfährt aus der Angabe über dem Strich den Durchmesser der Leitung. Wichtig sind die unteren Zahlen, denn sie geben die Entfernung des Hydranten vom Schild an: Die Anzahl der Meter nach links oder rechts sowie nach vorne.

Feuerspritzen

62

Über 400 Jahre im Einsatz

Die Handdruckspritzen machten die Feuerwehren einst mobil. Trugen die Löschmannschaften die ersten Kastenspritzen noch zum Feuer, bekamen sie später Räder, sodass man sie per Hand- oder Pferdezug zur Brandstelle fahren konnte. Eine Kombiform waren die Abprotzspritzen, die auf Rädern zum Einsatz gefahren und dort vom Fahrgestell „abgeprotzt“ wurden.

Zur Bedienung waren je nach Größe zwei bis zwölf Mann erforderlich. Das reichte aber nicht, die Mannschaften mussten sich beim Pumpen wegen der großen körperlichen Anstrengung immer wieder ablösen.

Während die ersten Modelle mehr schlecht als recht funktionierten, brachten es die weiterentwickelten Modelle auf beachtliche Leistungen von 350 Litern pro Minute Wasserförderung, 30 Meter Wurfweite und über 20 Meter Wurfhöhe mit dem Strahlrohr.

Etwa um 1600 wurden die ersten primitiven Spritzen gebaut. Immer wieder technisch modifiziert und modernisiert, waren sie bis ins 20. Jahrhundert hinein im Einsatz. Erst nach über 400 Jahren kam die Ablösung durch die effektiveren Motorspritzen.

Für den raschen Transport zur Brandstelle lieferte man 1906 diese Handdruckspritze auf einem Karren aus.

Feuerlöschkreiselpumpe

Ohne Pumpe kein Wasser am Strahlrohr

63

Harte und schweißtreibende Arbeit leisteten Feuerwehrmannschaften und Bürger einst, um das Löschwasser mit der Handdruckspritze ins Feuer zu spritzen. Das änderte sich, nachdem Gottlieb Daimler 1888 das Patent auf eine „Feuerspritze mit Motorbetrieb" erhalten hatte. Zügig setzte sich der Verbrennungsmotor als Antrieb für Feuerlöschkreiselpumpen durch und gab der Brandbekämpfung damit kräftig Aufschwung. Entweder ist die Pumpe im Löschfahrzeug fest eingebaut und wird von dessen Motor angetrieben oder sie ist mit einem kleinen Motor in einem Traggestell montiert. Vier kräftige Feuerwehrleute heben diese Tragkraftspritze aus einem Anhänger oder Fahrzeug und stellen sie zur Wasserförderung entweder an der Wasserentnahmestelle oder am Brandort ab. Konsequente Bemühungen um Leichtbau haben ihr Gewicht auf rund 150 Kilogramm gedrückt. Jahrzehntelang lag die Leistung der Tragkraftspritze bei 800 Litern pro Minute bei 8 bar Förderdruck. Die aktuelle Norm schreibt 1000 Liter pro Minute bei 10 bar vor.

Der Kauf einer kleinen Tragkraftspritze stellte Ende der 1920er-Jahre für viele Wehren eine enorme Verbesserung ihrer Schlagkraft dar.

Um 2500 oder 4000 Liter je Minute zu pumpen, konstruierte Magirus eine Tragkraftspritze mit Gasturbinenantrieb.

Leistungsstarke Pumpen

Die Norm kennt für Feuerlöschkreiselpumpen Förderleistungen von 500 Litern pro Minute bei 6 bar Förderdruck und bis zu 6000 Liter pro Minute bei 10 bar. Bei Flugfeld- und Industrielöschfahrzeugen kommen Pumpen mit 10.000 Litern Durchfluss zum Einbau, um möglichst rasch große Wassermengen auf den Brandherd zu werfen. In Österreich und der Schweiz sind zusätzlich im Löschfahrzeug eingebaute Hochdruckpumpen üblich, in Deutschland haben sich nur wenige Wehren dafür entschieden. Diese leisten 250 Liter pro Minute bei 40 bar. Der hohe Druck zerstäubt die Wassertröpfchen, wodurch sie mehr Wärme beim Löschen binden können.

Was der VW Käfer mit der Feuerwehr zu tun hat

Dieser Motor lief nicht nur millionenfach im VW Käfer, er trieb auch Tragkraftspritzen an. Mit über 240.000 Exemplaren war der luftgekühlte Vierzylinder-Boxermotor der erfolgreichste Antriebsmotor im deutschen Tragkraftspritzenbau. Von 1951 bis zum Produktionsende im Jahr 1990 stieg die Leistung des VW-Industriemotors mit 1131 Kubikzentimetern Hubraum von 25 PS auf 34 PS.

Feuerlöscher

64

Rasche Bekämpfung von Entstehungsbränden

Feuerlöscher sind tragbare Kleinlöschgeräte mit einem maximalen Gewicht von 20 Kilogramm. Nicht nur die Feuerwehr hat sie auf ihren Einsatzfahrzeugen dabei. Sie finden sich auch in Gebäuden, Haushalten, Bahnhöfen und in Zügen, an Arbeitsstätten, und viele Mitbürger haben einen Feuerlöscher im Fahrzeug. Jedes Feuer beginnt klein. Wird es rechtzeitig entdeckt und kommen Feuerlöscher zügig zum Einsatz, können Entstehungsbrände wirkungsvoll bekämpft oder zumindest eingedämmt werden.

Passend zu den brennbaren Stoffen gibt es verschiedene Feuerlöscher. Wasser, Schaum, Pulver, Metallbrandpulver und Kohlenstoffdioxid sind die gängigen Löschmittel. Die Brandklassen sind mit Piktogrammen und Buchstaben auf dem Löscher abgebildet. Wasser- und Schaumlöscher sind weit verbreitet, weil in den meisten Fällen Feststoffe in Brand geraten.

Löscher mit unterschiedlicher Befüllung

ABC-Pulver besteht aus feinstvermahlenem Ammoniumdihydrogenphosphat oder Ammoniumsulfat. Das Pulver unterbricht die Verbrennungsreaktion und schmilzt bei Feststoffbränden auf dem heißen Brandgut. Die meisten Löschmittel haben eine erstickende Wirkung. Dazu soll die brennende Oberfläche abgedeckt werden, um den Kontakt mit brandförderndem Sauerstoff zu verhindern. Das trifft im Wesentlichen auf Pulver-, Metallbrand- und Fettbrandlöscher zu. Zudem übt die konzentrierte Salzlösung im Fettbrandlöscher eine kühlende Wirkung aus, was die Zündtemperatur herabsetzt. Kohlenstoffdioxyd hat ebenfalls

Tipps für den richtigen Umgang mit einem Feuerlöscher

1. Sicherung ziehen.
2. Mit einer Hand am Griff den Feuerlöscher tragen, mit der anderen Hand die Löschdüse auf das Feuer richten.
3. Direkt in die Flamme löschen, nicht darüber oder daneben zielen.
4. Mit dem Wind löschen.
5. Stehen mehrere Löscher zur Verfügung, dann gemeinsam löschen.
6. Brandstelle beobachten und bei Wiederaufflackern des Feuers weiterlöschen.

eine erstickende Wirkung, weil es den zum Brand benötigten Sauerstoff verdrängt.

Die Feuerlöscher dürfen auch bei elektrischen Niederspannungsanlagen bis 1000 Volt eingesetzt werden, wenn der aufgedruckte Mindestabstand eingehalten wird. Die im Abstand von zwei Jahren vorgeschriebene Überprüfung der Feuerlöscher durch einen Fachbetrieb dient der Funktionsfähigkeit und der Sicherheit des Gerätes.

Welcher Feuerlöscher eignet sich für welchen Stoff?

Löschmittel	**Brandklassen**				
	A	B	C	D	F
	Feststoffe	Flüssigkeiten	Gase	Metalle	Speisefett
Wasser	X				
Schaum	X	X			
Pulver ABC	X	X	X		
Metallbrandpulver				X	
Kohlenstoffdioxyd		X			
Fettbrandlöschmittel					X

Mit einem Pulverlöscher wird bei einer Übung die brennende Flüssigkeit gelöscht.

Hoch hinaus

65

Tragbare Leitern reichen bis zum dritten Stock

Leitern und Löscheimer gehörten schon zur Ausrüstung der Bürger, als noch keine organisierten Feuerwehren Brände bekämpften. Während aus Löscheimern große, multifunktionelle Löschfahrzeuge wurden, haben sich die Leitern bis heute nur wenig verändert. Sie dienen nach wie vor zur Rettung von Menschen und als Angriffsweg für die Einsatzkräfte. Die Feuerwehren kennen fünf verschiedene tragbare Leitern:

Steckleiter

Die Steckleiter ist am weitesten verbreitet und gehört zur Standard-Beladung aller Löschfahrzeuge. Ein Steckleiterteil ist 2,70 Meter lang. Wird es im Winkel von 65 bis 75 Grad an einer Wand angelehnt, erreicht man damit eine Höhe von 2 Metern. Bis zu vier Steckleiterteile dürfen verwendet werden. Durch die Überlappung der Teile beim Zusammenstecken verlängert sich die Leiter um jeweils 1,90 Meter. Maximal sind also 8,40 Meter Leiterlänge und 7,20 Meter Rettungshöhe möglich. Ein Fenster oder Balkon im zweiten Obergeschoss lässt sich damit gut erreichen. Denn drei Sprossen müssen aus Sicherheitsgründen über die Einstiegsstelle hinüberreichen, um gefahrlos übersteigen zu können. Während heute Steckleitern aus Gewichtsgründen aus Leichtmetall gefertigt werden und knapp 10 Kilogramm wiegen, nutzte man früher dafür Holz. Die Holme waren aus Fichte, Kiefer oder Lärche, die Sprossen aus Esche.

Schiebleiter

Diese Leiter besteht aus drei Leiterteilen, die aus ihrer Transportlänge von 5,60 Metern mit einem Seil bis auf 14 Meter Länge ausgezogen werden. Unter Beachtung des Anstellwinkels ergibt sich eine Rettungshöhe von 12,20 Metern, was dem dritten Obergeschoss eines Wohnhauses entspricht. Zwei Stützstangen erhöhen die Stabilität beim Besteigen. Aus Sicherheitsgründen müssen beim Aufstellen und Umlegen der Leiter vier Einsatzkräfte zusammenarbeiten. Die Umstellung von Holz auf Leichtmetall hat auch hier die Arbeit erleichtert. Die Schiebeleiter wiegt nun etwa 75 Kilogramm statt ursprünglich 100 Kilogramm. Allerdings gehört sie nur bei großen Löschgruppenfahrzeugen (LF 16 bzw. LF 20/HLF 20) zur Normbeladung.

Klappleiter

In engen Räumen, Treppenhäusern oder Schächten ist die Klappleiter eine große Hilfe, denn sie ähnelt im Transport einem Vierkantholz, das vor Ort erst auseinandergeklappt wird. Dann weist sie eine Länge von 3 Metern auf.

Hakenleiter

Früher weit verbreitet, hat die Hakenleiter heute stark an Bedeutung verloren. Sie wird nur noch von wenigen Berufsfeuerwehren verwendet, denn ihr Einsatz bedarf viel Übung und großer Routine. An der Spitze der 4,40 Meter langen Leiter befindet sich ein Haken, den man an Balkonen oder Fensterbrüstungen einhängt, um senkrecht an der Fassade von Stockwerk zu Stockwerk hinaufzusteigen. Heute sieht man diesen Leitertyp meistens nur noch bei Feuerwehrsportwettbewerben (Hakenleitersteigen).

Multifunktionsleiter

Die Multifunktionsleiter ist eine Alternative zur Steckleiter und gehört wegen ihrer vielseitigen Einsatzmöglichkeiten zur Beladung des Rüstwagens sowie auf Wunsch auch von Löschfahrzeugen. Durch ihr Konstruktionsprinzip lässt sich aus ihren drei Teilen auch eine Bockleiter bauen. Zwei Mehrzweckleitern erreichen in Kombination mit einem Aufsteckleiterteil eine Länge von 9,20 Metern.

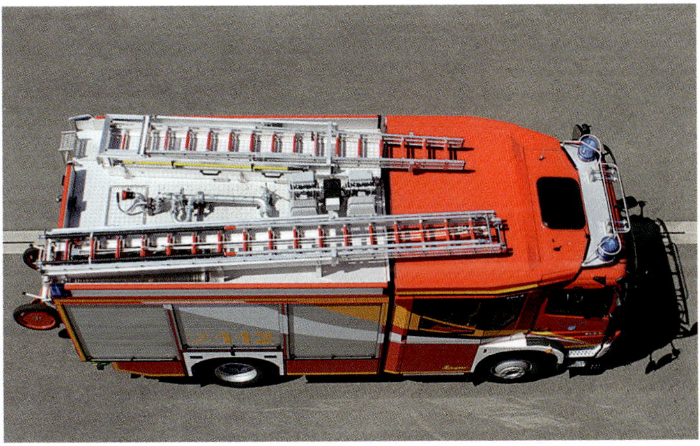

Auf dem Dach des Löschfahrzeugs liegen vier Steckleiterteile (links) und eine dreiteilige Schiebleiter (rechts).

Blick durch den Rauch

66

Mit Wärmebildkameras Menschen retten

Null Sicht, Kriechen, Krabbeln, Tasten. Man kann die eigene Hand vor der Maske vor lauter Rauch und Wasserdampf kaum erkennen. So bewegten sich Atemschutzgeräteträger jahrzehntelang durch ihnen unbekannte Räume und zogen den schweren, wassergefüllten Schlauch hinter sich her. Und das immer im unerbittlichen Kampf gegen die Zeit. Irgendwo lodert das Feuer und breitet sich aus. Groß war die Ungewissheit. Sind noch Personen zu retten? Wo liegen sie? Wie schnell finden wir sie? Denn bei einer Rauchvergiftung sinkt die Überlebenschance, je länger die Rettung dauert. Je rascher eine Brandstelle entdeckt wird, desto geringer der Schaden, den das Feuer anrichtet.

Der brennende Holzstoß wird auf dem Monitor der Wärmebildkamera sichtbar. Rot eingefärbt sind die heißesten Bereiche.

Wie funktioniert eine Wärmebildkamera?

Jeder Gegenstand, der wärmer als der absolute Nullpunkt von -273,15° C ist, strahlt Wärme ab. Diese Wärmestrahlung erfolgt im Infrarotbereich. Infrarot ist langwelliger als das sichtbare Licht und durchdringt Rauch besser. In der Kamera fällt die Infrarotstrahlung durch eine Linse auf einen Detektor. Bei den Sensoren handelt es sich in der Regel um ungekühlte Halbleiter aus amorphem Silizium oder Vanadiumoxid. Je nach auftreffender Infrarotstrahlung ändern sie den Widerstand. Elektronik wandelt diese Signale in ein auf dem Monitor sichtbares Bild um, auf dem die Wärmeunterschiede zu erkennen sind.

Spritzt man auf eine gefühlte Wärmequelle und blind in den Rauch hinein Wasser, so ist dies bei Weitem nicht so wirksam wie eine gezielte Wasserabgabe auf brennende Stellen.

Sehen, was das Auge nicht wahrnimmt

Wärmebildkameras veränderten die Arbeit der Einsatzkräfte völlig. Das Militär nutzte schon lange diese Technik, um die für das menschliche Auge unsichtbare Infrarotstrahlung sichtbar zu machen. Für den Einsatz bei der Feuerwehr waren die Geräte aber zu unhandlich, zu kompliziert und viel zu teuer. Um die Jahrtausendwende kamen Geräte auf den Markt, die einfacher zu bedienen und erschwinglich waren.

Die Einsatzkräfte erkennen mit Wärmebildkameras Temperaturunterschiede, bekommen eine Orientierung im unbekannten Raum und sehen deutlich, wo eine Person liegen könnte, wo das Feuer lodert oder wo Glutnester gezielt abzulöschen sind. Heute möchte sie niemand mehr missen, der mit dem Atemschutzgerät in ein verqualmtes Gebäude eindringt. Sie gehört zur Beladung von Löschfahrzeugen, und ihren Preis sind diese Kameras allemal wert! Lagen die Kosten früher bei etwa 12.000 Euro, gibt es sie aktuell ab etwa 3000 Euro.

Vielfältige Einsatzmöglichkeiten der Kameras

Dabei setzen Feuerwehren die Wärmebildkameras längst nicht nur für den Innenangriff ein, denn die Technik hat weitere Vorzüge. Sie erleichtert beispielsweise die Suche nach Personen, die nach einem Verkehrsunfall verletzt davongelaufen sind und nun irgendwo auf dem Feld oder im Wald umherirren. Die Temperaturunterschiede machen außerdem den Füllstand von Flüssigkeiten in Tanks sichtbar. Bei Wald- und Flächenbränden zeigen sie die Lage von Glutnestern.

Hydraulische Lebensretter

67

Schneller Siegeszug für Rettungsschere und -spreizer

Kaum etwas hat die Hilfe der Feuerwehren bei schweren Unfällen so revolutioniert, wie die Einführung der hydraulischen Rettungsgeräte. Der Amerikaner George Hurst entwickelte sie Anfang der1960er-Jahre. 1973 erhielt die Ulmer Feuerwehr den ersten Rettungsspreizer in Europa. Innerhalb nur weniger Jahre verbreiteten sich diese Geräte in Europa und retteten Tausende von Unfallopfern. Zu Beginn beschafften viele Stützpunktfeuerwehren Rüstwagen oder Gerätewagen und legten weite Fahrtstrecken zurück, um zu helfen. Wenige Jahrzehnte später gehören die Rettungsspreizer ganz selbstverständlich zur Ausstattung vieler Wehren und zur Normbeladung von Hilfeleistungslöschfahrzeugen.

Der hydraulische Rettungssatz ist bewährt

Für die Rettung aus einem Autowrack stellen hydraulische Rettungsgeräte – bekannt als Rettungsspreizer und Rettungsschere – eine große Hilfe dar. Mit ihnen kann man präzise, feinfühlig und geräuscharm arbeiten. Der Rettungssatz setzt sich zusammen aus einem Stromerzeuger, der eine Hydraulikpumpe antreibt. Der dort unter Druck von 400 bis 800 bar gesetzte

Ein hydraulischer Rettungssatz mit Akkuantrieb: Kombispreizer, Rettungszylinder, Ketten, Akkus und Ladekabel

Ölstrom fließt durch eine 20 Meter lange Hydraulikleitung zu den Geräten. Ein doppelt wirkender Hydraulikzylinder öffnet oder schließt die beiden Arme des Spreizer oder die Klingen der Rettungsschere. Neu auf dem Markt sind tragbare Akkugeräte, die nicht mehr auf die störende Schlauchverbindung angewiesen sind.

Mit einem Kombispreizer, der die Aufgaben von Schere und Spreizer in einem Gerät vereint, wird die A-Säule an einem Pkw durchgeschnitten.

Der Spreizer kommt zum Auseinanderspreizen zum Einsatz, beispielsweise von verklemmten Autotüren oder zum Wegdrücken von deformierten Karosserieteilen. Genauso kann er zum Zusammendrücken verwendet werden oder er zieht mit Ketten die Lenksäule vom eingeklemmten Fahrer zurück. Die Schere durchtrennt massive Karosseriebauteile in kürzester Zeit. So wird durch das Abtrennen der Dachholme aus einem verunfallten Pkw schnell ein Cabrio. Das erleichtert dem Rettungsdienst den Zugang zum Patienten für seine schonende Rettung. Die Geräte schneiden 40 Millimeter starken Rundstahl.

Schonende Rettung der Verletzten

Diese lebensrettenden Eigenschaften führten zur Entwicklung weiterer hydraulischer Rettungsgeräte. Die Funktionen Spreizen und Trennen haben Kombigeräte in sich vereint. Bei den Rettungszylindern drückt der hydraulisch ausfahrende Kolben Karosserieteile vom Eingeklemmten weg. Es gibt sie in verschiedenen Größen und sie lassen sich bis auf 180 Zentimeter ausfahren.

Vor der Einführung des Rettungsspreizers stellten die Arbeiten für die Retter und die Unfallopfer eine Tortur dar. Das Brennschneidgerät erhitzte das Blech und gefährdete den Verletzten. Der Motortrennschleifer verursachte zudem einen infernalischen Lärm und starken Funkenflug. Der Einsatz von Brechstange und Blechaufreißer erforderten viel Zeit und Kraft. Auch wurde dadurch das Unfallwrack erschüttert, was dem Verletzten Angst und zusätzlichen Schmerzen zufügte. Die Wunschvorstellung an eine patientenschonende Rettung sah anders aus: schnell, erschütterungsfrei, geräuscharm, ohne Brandgefahr. Diese Anforderungen erfüllen heute die hydraulischen Rettungsgeräte.

Achtung – Sprung!

Das Sprungtuch hat ausgedient

68

16 Feuerwehrmänner stehen im Kreis und halten hoch angespannt das Sprungtuch fest, in das eine von Flammen bedrohte Person aus einem Fenster springt. So wird der Einsatz des Sprungtuchs auf historischen Fotos und Zeichnungen dargestellt. 130 Personen wurden mit ihm allein beim Brand des Wiener Ringtheaters am 8. Dezember 1881 vom Balkon des Gebäudes gerettet. Sprungtücher kamen als allerletzte Möglichkeit zum Einsatz, wenn kein schneller Innenangriff zur Rettung möglich war oder keine tragbaren Leitern oder die Drehleiter aufgestellt werden konnten. Das Sprungtuch besteht aus einem stabilen Textilgewebe, meist aus Polyester. Früher war es aus Segeltuch geschnitten und maß 3,5 auf 3,5 Meter. Damit waren Sprünge aus maximal 8 Metern Höhe, also dem 3. Stock, möglich.

Mittlerweile aber gehört das Sprungtuch zur Feuerwehrgeschichte. Denn zum einen stehen bei einem Einsatz nicht immer mindestens 16 freie Einsatzkräfte zur Verfügung, die das Tuch halten könnten, zum anderen besteht die große Gefahr, dass der Springer die Mitte des Tuchs verfehlt und nicht nur sich selbst, sondern auch die Einsatzkräfte erheblich verletzt.

Das Feuer im Wiener Ringtheater am 8. Dezember 1881 zählt zu den größten Brandkatastrophen des 19. Jahrhunderts. Feuerwehrleute und Bürger halten das Sprungtuch, in das 130 von Flammen und Rauch bedrohte Theaterbesucher springen.

Springt jemand in höchster Not in das Sprungpolster, entweicht die Luft aus den seitlichen Öffnungen und bremst so den Aufprall ab.

Sicherer ist das Sprungpolster

Sicherer und einfacher klappt die Rettung aus höchster Lebensgefahr mit einem Sprungpolster. Dabei handelt es sich um ein rechteckiges, luftgefülltes Poster. Im aufgeblasenen Zustand ist es 3,5 mal 3,5 Meter groß und etwa 1,70 Meter hoch. Springt eine Person hinein, entweicht Luft, und es federt dadurch die Fallwucht ab. Es werden lediglich zwei bis vier Einsatzkräfte benötigt, um das Sprungpolster auszulegen, mit der Pressluftflasche aufzublasen und in Stellung zu bringen. Möglich sind Sprünge aus bis zu 16 Metern Höhe, was in etwa dem vierten oder fünften Obergeschoss eines Gebäudes entspricht.

Wegen der hohen Unfallgefahr sind Sprünge zur Übung oder zur Vorführung ausdrücklich verboten. Lediglich geeignete Gegenstände, wie ein Sandsack oder eine maximal 50 Kilogramm schwere Übungspuppe, dürfen aus höchstens 12 Metern Höhe in das Sprungpolster fallen.

Das „fliegende Auge“

69

Drohnen im Feuerwehreinsatz

Der Blick von oben hilft den Feuerwehren in gefährlichen oder unklaren Lagen, die Übersicht zu gewinnen. Das hilft ihnen zum Beispiel bei Massenunfällen auf Straßen und Schienen, bei Großbränden oder Hochwasserlagen.

Meist kommen Quadrocopter mit vier Rotoren oder Propellern zum Einsatz, die bei der Lageerkundung, der Beobachtung der Brandausbreitung bis hin zur Personensuche, bei Gefahrstoffmessung und der Lagedokumentation unterstützen. Die Flugdrohnen dringen in Bereiche vor, die für Feuerwehrleute zu gefährlich oder unerreichbar sind. Die Fotos oder Videosequenzen aus der Vogelperspektive verschaffen der Einsatzleitung einen Gesamtüberblick über eine Einsatzstelle.

Im kompakten Koffer verpackt, kann die Drohne auf jedem Einsatzfahrzeug platzsparend verstaut werden.

Der Blick von oben auf die Einsatzstelle unterstützt den Einsatzleiter bei seinen Planungen. Drohnen machen es möglich.

Was Drohnen alles können

In den kleinen, mit hochauflösenden Kameras ausgestatteten Fluggeräten mit einem Gewicht von kaum 1,5 Kilogramm steckt eine Menge technisches Knowhow. In einem kleinen Koffer verpackt, finden sie in jedem Einsatzfahrzeug Platz.

Modellabhängig bis zu 70 Stundenkilometer schnell, können die Drohnen mehrere 100 Meter hoch fliegen. Sie bleiben 30 Minuten und länger in der Luft und haben Reichweiten von mehreren Kilometern. Selbst starker Wind ist für den kleinen Copter kein Problem. Mit Sensoren kann er Hindernisse erkennen und im Selbstflugmodus automatisch landen. Mittlerweile gibt es auch Drohnen, die größere Lasten wie Scheinwerfer mit Akku tragen können und unter extremen Bedingungen bei Schnee, Starkregen oder stärkerem Wind fliegen und mit einer speziellen Optik bei dichtem Nebel oder in völliger Dunkelheit „sehen" können. Dazu gehört der Einsatz mit der Wärmebildkamera.

Vom Boden aus steuert der „Pilot" den Copter bequem mit einer Fernbedienung. Der liefert permanent scharfe Aufnahmen als Foto oder Film auf ein Tablet. Im Unterschied zu privaten Piloten, benötigen die Feuerwehrpiloten keinen Drohnenführerschein nach der neuen Verordnung. Sie werden in Theorie und Praxis speziell ausgebildet und müssen abschließend eine Prüfung ablegen.

Vom Pferd zur Pferdestärke

70 Heftige Diskussionen über die Automobilisierung

Zu Beginn des letzten Jahrhunderts brach unter den großen Feuerwehren Deutschlands ein heftiger Streit aus, welchem Antrieb man den Vorzug geben solle. Einig war man sich, dass sich der bisher übliche Pferdeantrieb, um Spritze, Leiter, Wasser-, Geräte- und Mannschaftswagens zu bewegen, ausgedient hatte. Gegen die Pferdebespannung sprachen die Dauer bis zum Ausrücken und die Geschwindigkeit bei der Fahrt zur Einsatzstelle. Wenn die Automobile in der Anschaffung auch mehr kosteten, so fielen die Betriebs- und Unterhaltskosten dennoch niedriger aus als bei den Pferden. Denn so brauchte man keine Kutscher mehr, die sich ausschließlich um die Pferde kümmerten, und sie auch an der Einsatzstelle zur Seite führten und versorgten. Auf der Feuerwache brauchte man keine Stallungen mehr für die Pferde, Räume für ihre Fahrer und das Futter. Zusammenfassend führten die Feuerwehrkommandanten in ihren Anträgen und Denkschriften an die Stadtverwaltungen beim Einsatz von Fahrzeugen eine erhebliche Vereinfachung des Betriebs und eine Zeitersparnis ins Feld. So berechnete 1911 das Kommando der Berufsfeuerwehr München, dass den Kosten für die Automobilisierung in Höhe von 390.000 Mark eine jährliche Einsparung von 39.046,50 Mark durch Beendigung der Pferdehaltung gegenüberstünde.

Mit Benzin zum Feuer

Große Uneinigkeit herrschte jedoch in der Frage, wie die Automobilisierung erfolgen solle. Es standen Dampf-, Elektro- und Benzinmotoren zur Debatte. Den weltweit ersten Automobillöschzug nahm 1901 die BF Hannover in Betrieb. Zwei Fahrzeuge fuhren elektrisch, die Dampfspritze wurde mit Dampf angetrieben. Elektrische Radnabenmotoren galten als betriebssicher, wenn auch die Batterien den größten Teil des Fahrzeuggewichts einnahmen. Allerdings war die Ladekapazität der Batterien begrenzt und das schränkte die Reichweite ein. Bei einem Dampfautomobil musste man rund um die Uhr auf der Feuerwache einheizen. Das Feuer durfte nie ausgehen, um die Betriebstemperatur im Kessel knapp unter dem Siedepunkt zu halten. Nur so war man in der Lage, jederzeit zügig auszurücken.

Und mit dem feuergefährlichen Benzin nah an die Brandstelle zu fahren, hielten viele Feuerwehrchefs für viel zu gefährlich. Trotzdem war der Benzinmotor die wirtschaftlichste und am besten geeignete Antriebsart. Man konnte so ein Fahrzeug ohne Betreuung und Pflege tagelang abstellen und bei Alarm lief es sofort und ohne große Vorbereitungen. Sein Siegeszug ließ sich nicht aufhalten.

Frankfurt und Breslau waren Vorreiter

Die erste benzinautomobile Motorspritze lief 1907 bei der BF Frankfurt. Und die BF Breslau rückte ab 1910 als erste deutsche Wehr mit einem Löschzug aus, bei dem alle drei Fahrzeuge von einem Benzinmotor angetrieben wurden. Für einige Jahre setzten viele Wehren jedoch auf eine Kombination: den benzin-elektrischen Antrieb. Die Batterie diente nur noch zum Starten und der Fahrt auf den ersten Metern. Der Benzinmotor trieb einen Generator an, der die Elektroenergie für die Radnabenmotoren lieferte.

Vor der Feuerwache in Chemnitz versammelten sich zu Ende des Ersten Weltkriegs zwei Kommandowagen, vier Automobilspritzen, zwei Drehleitern und ein Gerätewagen.

Der Löschzug rückt aus!

71

Vier Fahrzeuge bilden einen Löschzug

In der Zeitung liest man häufiger den Begriff „Löschzug", obwohl nur einzelne Fahrzeuge vor Ort waren. Dabei besteht der Löschzug aus vier Fahrzeugen, die mit insgesamt 22 Personen besetzt sind. Im Einsatzleitwagen (ELW) sitzen vier Einsatzkräfte. Das Löschfahrzeug stellt die erste Gruppe mit neun Personen. Tanklöschfahrzeug und Drehleiter (DLK) kommen zusammen auf neun Kräfte für die zweite Gruppe. Nach gleicher Systematik bildet sich der Rüstzug, bei dem der Rüstwagen die Drehleiter ersetzt.

Bei Freiwilligen Feuerwehren setzen sich die Züge oftmals aus Fahrzeugen mehrerer Wehren zusammen, die gemeinsam alarmiert werden. Mit Entfall des Tanklöschfahrzeugs (TLF) aus der Normung laufen heute meistens zwei Löschfahrzeuge im Zug. Bei manchen Berufsfeuerwehren rückt der Rettungswagen mit dem Zug aus. Anderseits hat sich bei vielen beruflichen Wehren zur Optimierung des Personalbedarfs ein Zug mit 16 Kräften durchgesetzt, mit dem sich ein kritischer Wohnungsbrand bekämpfen lässt. Hierbei sind ELW und DLK mit je zwei, die beiden Löschfahrzeuge mit je sechs Funktionen besetzt.

Ein Löschzug aus den 1960er-Jahren, zusammengestellt bei einem Oldtimertreffen: Kommandowagen Kdow, Tanklöschfahrzeug TLF 16, Löschgruppenfahrzeug LF 16 und Drehleiter DL 30

DIN – das ist Norm

72

Die unübersehbare Vielfalt der Löschfahrzeuge

Fast 60 Jahre liegen zwischen diesen beiden Löschfahrzeugen von 1951 und 2009.

Die Vielfalt der Löschfahrzeuge scheint auf den ersten Blick verwirrend, denn sie reicht vom kleinen Transporter als Tragkraftspritzenfahrzeug (TSF) bis zum riesigen vierachsigen Lastwagen als Sonderlöschfahrzeug (SLF). Hinzu kommt, dass sich die Aufgaben und die Anforderungen an die Feuerwehren stetig weiterentwickeln. Das schlägt sich natürlich sowohl in der Fahrzeugtechnik als auch in der Ausrüstung nieder. So sehen Einsatzfahrzeuge heute anders aus und sie tragen andere Bezeichnungen, obwohl ihre Hauptaufgabe noch immer das Löschen von Feuer ist. Hinzu gekommen ist eine Beladung für die technische Hilfeleistung. Für Durchblick und Systematik sorgt die Feuerwehrfahrzeug-Typenliste, die der DIN-Normenausschuss Feuerwehrwesen veröffentlicht und bei Bedarf aktualisiert.

Normen bieten Orientierung

Die Normung ist im Feuerwehrwesen unabdingbar. Damit Wehren zusammenarbeiten können und Geräte zusammenpassen, müssen die Schnittstellen klar definiert sein. Würde beispielsweise jede Wehr eine andere Kupplung für ihre Schläuche nutzen, wäre an der Einsatzstelle das

Typ	Maximale Gesamtmasse	Besatzung	Pumpe	Löschmittel Mindestmenge
TSF	4,75 t	6	tragbar 1000 l/min bei 10 bar	ohne
TSF-W	7,5 t	6	tragbar 1000 l/min bei 10 bar	500 l Wasser
KLF	4,75 t	6	tragbar 1000 l/min bei 10 bar	500 l Wasser
MLF	9 t	6	eingebaut 1000 l/min bei 10 bar	600 l Wasser
LF 10	14 t	9	eingebaut 1000 l/min bei 10 bar	1200 l Wasser
HLF 10	14 t	9	eingebaut 1000 l/min bei 10 bar	1000 l Wasser
LF 20	16 t	9	eingebaut 2000 l/min bei 10 bar	2000 l Wasser
HLF 20	16 t	9	eingebaut 2000 l/min bei 10 bar	1600 l Wasser
LF 20 KatS	16 t	9	eingebaut 2000 l/min bei 10 bar	1000 l Wasser
TLF 2000	14 t	3	eingebaut 1000 l/min bei 10 bar	2000 l Wasser
TLF 3000	14 t	3	eingebaut 2000 l/min bei 10 bar	3000 l Wasser
TLF 4000	18 t	3	eingebaut 2000 l/min bei 10 bar	4000 l Wasser 500 l Schaummittel

Chaos perfekt. Ihren Ursprung hat die Normung in den „Anordnungen über den Bau von Feuerwehrfahrzeugen“, die der Chef der Deutschen Polizei ab 1940 erlassen hat. Diese Vorgaben fanden sich in der Nachkriegszeit in Baurichtlinien wieder. Daraus entstanden Ende der 1960er-Jahre die deutschen DIN-Normen, die wiederum in den 1990er-Jahren in europäische EN-Nomen übergeleitet wurden. So entwickelte sich über Jahre ein Vorschriftenwerk, an dem sich Feuerwehren als Besteller und Nutzer sowie die Hersteller als Lieferanten von Fahrzeugen und Ausrüstungen orientieren.

Genormte Löschfahrzeuge nach der Feuerwehrfahrzeug-Typenliste

TSF – Tragkraftspritzenfahrzeug
TSF-W – Tragkraftspritzenfahrzeug Wasser
KLF – Kleinlöschfahrzeug
MLF – Mittleres Löschfahrzeug
(H)LF 10 – (Hilfeleistungs-)Löschgruppenfahrzeug
(H)LF 20 – (Hilfeleistungs-)Löschgruppenfahrzeug
LF 20 KatS – Löschgruppenfahrzeug Katastrophenschutz
TLF 2000 – Tanklöschfahrzeug
TLF 3000 – Tanklöschfahrzeug
TLF 4000 – Tanklöschfahrzeug

Stand 2020

Tragkraftspritzenanhänger

73

Für die kleinsten Feuerwehren im Land

Das kleinste Löschfahrzeug fährt nicht selbst, sondern es ist ein Anhänger. Dennoch stecken darin alle Geräte, die eine Löschgruppe aus neun Einsatzkräften braucht, um die Brandbekämpfung aufzunehmen. Herzstück ist die Tragkraftspritze, die über ein ausklappbares Ladegestell entnommen wird.

Die maximal 1,2 Tonnen schweren Tragkraftspritzenanhänger TSA waren früher sehr weit verbreitet. Dörfer und kleine Gemeinden im ländlichen Raum mit sehr geringem Einsatzaufkommen entdeckten den Anhänger in den 1950er- und 1960er-Jahren als kostengünstige und praktische Lösung, um die neu beschaffte Tragkraftspritze und ihre Ausrüstung zu transportieren.

Um mit dem Tragkraftspritzenanhänger die Einsatzstelle zu erreichen, war man immer auf einen Traktor angewiesen.

Allerdings brauchte es dafür immer ein Zugfahrzeug, das bei Alarm zuverlässig zum Gerätehaus kam. Der Traktor vom nächsten Bauernhof konnte den Anhänger abseits befestigter Straße zur Wasserentnahmestelle am Bach oder zum Feuerlöschweiher ziehen. Als Folge des Strukturwandels in der Landwirtschaft stellten die Kommandanten aber immer häufiger fest, dass Traktoren nicht mehr rund um die Uhr zur Verfügung stehen. Die Einsatzfähigkeit der Wehren stand auf der Kippe.

Zudem konnte der TSA dem Wandel der Aufgaben der Feuerwehr nicht folgen. Mehr als der Einsatz als Verstärkerpumpe bei der Wasserförderung oder ein erster Löschangriff war damit nicht machbar. Und dieser auch nur von außen und vom Boden, weil in der Beladung die Atemschutzgeräte und die tragbaren Leitern fehlten. Die Bedeutung des TSA sank immer weiter. Das spiegelt sich in ihrer Anzahl wider. Von etwa 13.300 Stück im Jahr 1992 nahm deren Zahl innerhalb von 25 Jahren rapide auf knapp 4000 ab.

Im ländlichen Raum waren Tragkraftspritzenanhänger weit verbreitet.
Die Freiwillige Feuerweht Quellenreut besorgte sich einen Traktor, um unabhängig von Spann- und Zugdiensten zu sein. Denn diese zu organisieren kostet mitunter Zeit, die bei Einsätzen doch kostbar ist.

Gruppe	Gegenstand	Anzahl
Schutzkleidung	Warnwesten	2
Löschgerät	Kübelspritze	1
	Pulverlöscher 6 kg	1
Schläuche, Armaturen und Zubehör	A-Saugschlauch 1,5 m	5
	Saugkorb mit Schutzkorb	1
	B Schlauch 5 m	1
	B-Schlauch 20 m	8
	C-Druckschlauch 15 m	8
	Standrohr	1
	Sammelstück A-2B	1
	Verteiler	1
	Übergangsstück A-B	1
	Übergangsstück B-C	1
	Druckbegrenzungsventil	1
	Strahlrohr B	1
	Stützkrümmer zum B-Rohr	1
	Strahlrohr C	3
	Mehrzweckleine	2
	Seilschlauchhalter	3
	Schlauchtragekörbe C	2
	Kupplungsschlüssel	5
	Schlüssel Oberflurhydrant	1
	Schlüssel Unterflurhydrant	1
	Schachthaken mit Kette	2
Rettungsgerät	Feuerwehrleine	3
Sanitätsgerät	Erste-Hilfe-Koffer	1
Beleuchtungs- Signal und Fernmeldegerät	Handscheinwerfer	mind. 1
	Warndreieck und Warnleuchte	1
Arbeitsgerät	Tragkraftspritze PFPN 10-1000	1
	Bindestränge	2
Handwerkszeug und Messgeräte	Brechstange	1
	Feuerwehraxt	1
	Axt	1
	Drahtschere	1
	Spaten	1

Quelle: Bauvorschrift TSA Bayern – Stand 2005

Das kleinste Löschfahrzeug

74

Tragkraftspritzenfahrzeuge erobern den ländlichen Raum

„Schnell wie die Feuerwehr!“ – Das Motto gilt auf dem Land bei den kleinen Ortsfeuerwehren genauso wie in der Stadt. Ein Zugfahrzeug für den Tragkraftspritzenanhänger zu organisieren, kostet wertvolle Zeit. Daher strebten die Feuerwehren in der Nachkriegszeit die Motorisierung an. In großer Anzahl erhielten die kleinen und ländlich strukturierten Wehren Tragkraftspritzenfahrzeuge (TSF).

Dabei handelt es sich um Kleintransporter mit Straßenantrieb und Platz für sechs Einsatzkräfte. Die Beladung besteht aus der Tragkraftspritze, die früher 800 Liter pro Minute bei 8 bar – heute 1000 Liter bei 10 bar – leistete. Schläuche, Armaturen, zwei oder vier Steckleiterteile sowie Atemschutzgeräte gehören dazu. Jahrzehntelang waren Kastenwagen wie Ford Transit, VW LT oder Mercedes Transporter zu TSF ausgebaut worden. Seit den 1990er-Jahren bietet die Feuerwehrgeräteindustrie die TSF mit Kofferaufbau an. Die Trennung der Mannschaft in der serienmäßigen Doppelkabine von dem Gerät im Aufbau schützt die Besatzung bei einem Unfall vor herumfliegender Beladung. Durch die Rollläden kann die Mannschaft die Geräte einfacher und schneller entnehmen.

Kräftig aufgewertet: TSF mit Wassertank

Aber „Schnell wie die Feuerwehr!“ bedeutet nicht nur, zügig auszurücken. Am Einsatzort angekommen, darf ebenfalls keine Zeit verloren gehen, bis die Brandbekämpfung beginnt. Die Besatzung muss die Tragkraftspritze ausladen, eine Wasserversorgung vom Hydranten, Bach oder Löschweiher aufbauen und die Schläuche verlegen. Das kostet selbst bei einer eingespielten Mannschaft Zeit. In dem seit 1990 erhältlichen Tragkraftspritzenfahrzeug – Wasser (TSF-W) ist ein Tank für 500 bis 750 Liter Wasser eingebaut. Die Tragkraftspritze lässt sich mit wenigen Handgriffen vom Tank und von der Schnellangriffshaspel abkuppeln. Das TSF-W bauen die Hersteller auf einem Transporter mit serienmäßiger Doppelkabine für sechs Einsatzkräfte. Um der Besatzung mehr Platz zum Anlegen der Pressluftatmer zu bieten, integrieren viele Hersteller heute den Mannschaftsraum im Gerätekoffer.

Beladung und Besatzung des TSF stecken im Kastenwagen. Ford Transit, wie dieser von 1989, waren weit verbreitet.

Umfangreicher fällt die Beladung beim TSF-W aus. Der Wassertank fasst 750 Liter. Die Tragkraftspritze wird im Heck herausgezogen.

Das Arbeitstier der Feuerwehr

75

Löschgruppenfahrzeuge gibt es in verschiedenen Größen

Die klassische Aufgabe der Feuerwehr: Brände löschen. Dafür setzt sie Löschgruppenfahrzeuge (LF) ein. So unterschiedlich sie auch aussehen mögen, so verschieden groß sie sind, in ihren Grundzügen sind sie sich sehr ähnlich:

- Sie transportieren eine Löschgruppe aus neun Einsatzkräften;
- zur Wasserförderung ist eine Pumpe eingebaut;
- bei manchen Typen ist ein Löschwasserbehälter vorhanden, um unverzüglich mit dem Löschen zu beginnen;
- im Aufbau befinden sich Geräte zur Brandbekämpfung wie Schläuche und Strahlrohre und Atemschutzgeräte und
- auf dem Dach lagern tragbare Leitern.

Die Bezeichnung LF 8 trug das kleinste Löschgruppenfahrzeug seit Ende der 1940er-Jahre bis 1992. Seine Verbreitung fand es im ländlichen Raum und bei den freiwilligen Abteilungen der Großstadtwehren. An Pumpen

Wer LF 8 sagte, der meinte Opel Blitz. Lange Zeit hielt Opel die Marktführerschaft. Dieses typische LF 8 mit Vorbaupumpe stammt von 1956.

Bei dem LF8/6 ist die Pumpe im Heck eingebaut und mit 600 Litern Wasser lässt sich die Brandbekämpfung aufnehmen.

mangelte es ihm nicht. Vorne war die vom Motor angetriebene Vorbaupumpe befestigt, im Heck eine Tragkraftspritze eingeschoben. Dafür fehlte ihm der Löschwassertank. Mit dem neuen Typ LF8/6 konnten ab 1992 endlich auch kleinere Wehren ohne Zeitverzögerung durch den Aufbau einer Wasserversorgung die Brandbekämpfung aufnehmen. Im Ausgleich für den 600-Liter-Wassertank entfiel die Vorbaupumpe. Denn im LF 8/6 ist wie bei allen Löschgruppenfahrzeugen die Pumpe im Heck eingebaut.

LF 16, LF 20 oder LF 24

Eine doppelt so starke Pumpe steckte im LF 16, das bei Berufsfeuerwehren und großen freiwilligen Feuerwehren die Hauptlast der Einsätze trug. Auch wenn die Bezeichnung seit 2004 nun LF 20 lautet, so sind die charakteristischen Merkmale seit Jahrzehnten unverändert: zur Besatzung gehörten neun Einsatzkräfte; Löschwasserbehälter, leistungsstarke

Abkürzungen – leicht verständlich

Die Buchstaben LF bedeuten Löschgruppenfahrzeug, HLF Hilfeleistungs-Löschgruppenfahrzeug. Die erste Zahl nimmt Bezug auf die Pumpenleistung in Liter je Minute, die zweite Zahl auf die Größe des Löschwasserbehälters. Beide Zahlen müssen mit 100 multipliziert werden. Ein LF 8/6 ist somit ein Löschgruppenfahrzeug. Seine Pumpe leistet 800 Liter pro Minute und der Wassertank fasst 600 Liter. Bei der aktuellen Normbezeichnung fällt allerdings die Angabe der Löschmittelmenge wieder weg.

Die Berufsfeuerwehr Karlsruhe entwickelte eine eigene Ausführung des LF 24, um Geräte für die technische Hilfeleistung und 3250 Liter Wasser mitzuführen. Die Firma Rosenbauer baute das Fahrzeug 1991 auf einem Mercedes-Benz 2635 auf.

Pumpe, Schieb- und Steckleiter auf dem Dach, Armaturen und Schläuche für die Brandbekämpfung sowie einige Geräte für die technische Hilfeleistung bildeten die Ausstattung. Im Mittelpunkt der Diskussion stand immer wieder die Größe des Löschwasserbehälters. Von 800 Litern stieg er auf aktuell 2000 Liter. Denn von einstmals 11 Tonnen erhöhte sich durch die technische Entwicklung im Nutzfahrzeugbau das zulässige Gesamtgewicht auf 16 Tonnen.

Einige Berufsfeuerwehren suchten nach Lösungen, die geringe Anzahl an Einsatzkräften auf der Wachschicht effektiv einzusetzen. Sie konnten nicht Löschfahrzeuge sowie Geräte- und Rüstwagen besetzen, um auf die zunehmende Anzahl an technischen Hilfeleistungen zu reagieren. So entstand als Kombinationsfahrzeug das LF 24, das vom Löschfahrzeug die Gruppenbesatzung, Pumpe und Wassertank übernahm sowie vom Rüstwagen die Winde, Lichtmast, Generator und hydraulisches Rettungsgerät. Diesen Fahrzeugtyp gab es vor allem in Nordrhein-Westfalen. Das heute weit verbreitete HLF 20 übernahm dessen Konzeption.

Neuer Fahrzeugtyp: das Hilfeleistungslöschfahrzeug HLF

Im Lauf der Jahrzehnte haben sich die vielfältigen Aufgaben der Feuerwehren verändert. Die Brandbekämpfung verlor deutlich an Bedeutung gegenüber der technischen Hilfeleistung. Dieser Entwicklung trugen die Feuerwehren Rechnung und nahmen immer mehr Geräte zur Rettung in die Beladung auf. Zuerst waren es größere städtische Feuerwehren, die aus eigenem Antrieb mit der Feuerwehrgeräteindustrie Hilfeleistungslöschfahrzeuge konzipierten. Man baute Stromgenerator und Lichtmast ein.

Im Aufbau musste nun vermehrt Platz geschaffen werden für hydraulische Rettungsgeräte, Beleuchtung, Kettensäge und tragbare Stromerzeuger. Manche Wehren ließen eine Seilwinde einbauen. Der DIN-Normenausschuss Feuerwehrwesen griff diese Entwicklung auf und brachte 2004 eine Norm für das HLF 20/16 heraus. Dem folgte bald eine Norm für das kleinere HLF 10.

Steck- und Schiebleiter gehörten immer schon zur Dachbeladung des LF 16, genauso wie bei der aktuellen Ausführung des LF 20, wie bei diesem 2018 auf MAN aufgebauten Fahrzeug.

Rückgrat des Katastrophenschutzes

76

Vom LF 16 TS zum LF 20 KatS

Die Beschaffung von Feuerwehrfahrzeugen fällt in die Zuständigkeit der Kommunen. Allerdings übernimmt das Bundesministerium des Innern diese Aufgabe, wenn es gilt, den ergänzenden Katastrophenschutz auszustatten. Dabei nimmt das Löschgruppenfahrzeug Katastrophenschutz LF 20 KatS einen besonders hohen Stellenwert ein. Im Jahr 2018 waren 955 Fahrzeuge im Rahmen des Zivilschutzes des Bundes geplant. Ihre Verteilung auf die Länder erfolgt je nach Bevölkerungsdichte. Die LF 20 KatS sind für den täglichen Einsatzdienst der kommunalen Feuerwehren vorgesehen.

Brandbekämpfung, Wasserförderung über lange Wegstrecken und kleinere technische Hilfeleistungen sind mit diesem im Jahr 2010 eingeführten Fahrzeugtyp möglich. Dafür verfügt das es über 1000 Liter Löschwasser und kann bei langsamer Fahrt eine 300 Meter lange Schlauchstrecke auslegen. Zusätzlich zur im Heck eingebauten Pumpe gehört eine Tragkraftspritze zur Beladung. Das vom Bund ausgelieferte Fahrzeug gefällt den kommunalen Feuerwehren so gut, dass sie es auch gern selbst beschaffen.

Nur Pumpen und viele Schläuche: der Vorgänger LF 16 TS

In der Nachkriegszeit baute die Bundesregierung im Zivilschutz den Brandschutzdienst auf. Eine Lehre aus dem Zweiten Weltkrieg war, dass mit den großflächigen Zerstörungen auch das Hydrantennetz ausgefallen war. Löschwasser musste über weite Strecken herangeführt werden. Deshalb waren die Aufgaben des LF 16 TS und seiner neunköpfigen Besatzung der Aufbau einer Löschwasserversorgung und die Brandbekämpfung. Dafür verfügten die LF 16 TS über zwei Pumpen und einen großen Schlauchvorrat, jedoch fehlte ihnen der Löschwasserbehälter. Der Fahrzeugmotor trieb eine Pumpe an, die 2400 Liter pro Minute leistete, und im Heck war eine Tragkraftspritze mit 1600 Litern pro Minute eingeschoben. Die Beladung setzte sich aus 46 gerollten Schläuchen zusammen, die gekuppelt 600 Meter B- und 240 Meter C-Leitung ergaben. Maschinist und Gruppenführer saßen im Führerhaus, die Mannschaft auf Holzbänken im Aufbau.

Über 3200 LF 16 TS hat der Bund für den Zivilschutz beschafft, so auch diesen Magirus-Deutz von 1963.

Aus dem neuen LF 20 KatS kann die Tragkraftspritze mithilfe eines Lifts entnommen werden. Über der Pumpe im Heck liegen 300 Meter gekuppelte B-Schläuche.

Wasserträger

77 Tanklöschfahrzeuge liefern Wasser

„Für den erfahrenen Feuerwehrmann ist es ein beruhigendes Gefühl, mit einem Löschfahrzeug zum Feuer zu fahren, das neben der notwendigen Mannschaft und den erforderlichen Löschgeräten auch Wasser für den ersten Angriff mitführt. Die Zeit vom Anhalten des Fahrzeugs auf der Brandstelle bis zum Wassergeben kann dadurch auf ein Mindestmaß herabgedrückt werden. Anderseits ist aber eine beschränkte Brandbekämpfung auch da möglich, wo eine Löschwasserentnahmestelle nicht zur Verfügung steht." Mit diesen Sätzen warb 1949 ein Kreisbrandinspektor für die weite Verbreitung von Tanklöschfahrzeugen.

Eingesetzt, wo keine Hydranten stehen

Im Wald, an der Landstraße und auf der Autobahn gibt es keine Hydranten. Um dort erfolgreich einen Brand zu bekämpfen, muss die Feuerwehr ihr Löschwasser selbst mitbringen. Deshalb liegt die Aufgabe

Im waldreichen Solling setzt die Feuerwehr Holzminden ein kompaktes und geländegängiges TLF 2000 auf Mercedes-Benz Unimog ein.

Manch alte TLF 16 mit 2400 Liter Wasser werden als Oldtimer gepflegt, wie dieser formschöne Magirus aus dem Jahr 1958. Damals war eine Motorleistung von 125 PS üblich.

6000 Liter Wasser und zusätzlich 500 Liter Schaummittel bringt dieses TLF 4000 an die Einsatzstelle. Diesen 2012 gebauten MAN treibt ein 340 PS starker Motor an.

Aus der Tschechischen Republik stammt das Großtanklöschfahrzeug mit 9000 Litern Wasser und 400 Litern Schaummittel, das eine Wehr in Brandenburg einsetzt.

des Tanklöschfahrzeugs in der Versorgung der Einsatzstelle mit Löschwasser und der Durchführung der Brandbekämpfung, vornehmlich mit dem Schnellangriff.

Tanklöschfahrzeuge lassen sich in drei Größen einteilen. Früher waren sie nach der Pumpenleistung von 800, 1600 und 2400 Litern pro Minute als TLF 8/18, TLF 16/25 und TLF 24/50 gegliedert. Die zweite Zahl gibt die Füllmenge des Löschwasserbehälters an und muss mit 100 multipliziert werden. Heute nimmt die Normung die Wassermenge als Grundlage für die Bezeichnungen TLF 2000, TLF 3000 und TLF 4000. Die Basis für Tanklöschfahrzeuge stellen in der Regel Allradfahrgestelle dar. Im Fahrerhaus finden drei Einsatzkräfte Platz. Jahrzehntelang gab es das TLF 16 als Ausnahme, das über sechs Sitzplätze für eine Staffelbesatzung verfügte. Den größten Teil des Aufbaus nimmt der Löschwasserbehälter ein. Zur Beladung des TLF 4000 gehört neben 4000 Litern Wasser ein Behälter für 500 Liter Schaumittel. Bei Bedarf kann die Wehr zusätzlich einen größeren Wassertank und eine Pulverlöschanlage einbauen lassen. Auf dem Dach bedient eine Einsatzkraft einen leistungsfähigen Schaum-Wasserwerfer. Außerhalb der Normung liegen noch größere Tanklöschfahrzeuge, die mehr Wasser mitführen.

Im Wald und auf der Heide

78

Tanklöschfahrzeuge zur Waldbrandbekämpfung

Vorreiter für die Entwicklung spezieller Tanklöschfahrzeuge für die Waldbrandbekämpfung war Niedersachsen. Das Land zog seine Lehren aus der Waldbrandkatastrophe von 1975. An die Fahreigenschaften in unwegsamem Gelände stellte die Vorschrift für das TLF 8 (W) mit 1800 Litern Wasser hohe Anforderungen. Diese konnte damals nur der Unimog erfüllen.

Schwer befahrbare sandige Böden, weite Anmarschwege in den gering besiedelten Bundesländern, trockenes Klima, Heidelandschaft und ein von der waldbrandgefährdeten Kiefer dominierter Waldaufbau erschweren die Bekämpfung von Waldbränden. Auch Brandenburg, Rheinland-Pfalz, Sachsen und Sachsen-Anhalt entwickelten Waldbrand-Tanklöschfahrzeuge. Den größten Teil des Aufbaus nimmt der mindestens 4000 Liter fassende Löschwasserbehälter ein. Allradantrieb mit Differentialsperren und stabile Stoßstangen mit Schutzgittern vor den Scheinwerfern erlauben die Fahrt auch abseits befestigter Straßen.

5000 Liter Wasser und hohe Geländegängigkeit zeichnen das vom Land Brandenburg beschaffte Waldbrandtanklöschfahrzeug aus.

Wasser, Schaum und Pulver

79

Sonderlöschfahrzeuge transportieren nicht nur Wasser

Wasser ist das Löschmittel Nummer eins zur Brandbekämpfung von glutbildenden Stoffen. In Industriebetrieben finden sich hingegen oftmals Stoffe, die sich nicht mit Wasser löschen lassen. Brennender Kraftstoff und Öle zum Beispiel schwimmen auf dem Löschwasser. Löschpulver hingegen erstickt ihre Flammenbildung, und Schaum deckt die brennende Fläche ab. Es gibt sogar Stoffe, bei denen Wasser den Brand stark anfacht. Brennende Leichtmetalle wie Magnesium sind ein solcher Fall. Nur Metallbrandpulver löscht dieses Feuer.

Betriebe, bei denen solche speziellen Brandrisiken bestehen, richten sich auf den Ernstfall ein. Je nach Art und Menge der gelagerten und verarbeiteten gefährlichen Stoffe, halten sie Löschmittel vor. Das können einige Feuerlöscher sein oder große, speziell konstruierte Sonderlöschmittelfahrzeuge. Diese transportieren große Wasser- und Schaummittelmengen, Pulver und Kohlendioxid. Kräftige Pumpen und leistungsfähige Monitore gehören ebenfalls dazu.

In die großen Tanks des Sonderlöschfahrzeuges einer Erdölraffinerie passen 4500 Liter Wasser und 7500 Liter Schaummittel.

Fahrzeuge der Superlative

80

Flughafenlöschfahrzeuge müssen schnell und stark sein

Zur Olympiade 1972 stellte die Flughafenfeuerwehr München zwei 52 Tonnen schwere und 1000 PS starke Faun mit Aufbau von Magirus in Dienst. Jeder transportierte 18.000 Liter Wasser und 2000 Liter Schaummittel.

Am 9. Februar 1969 startete der Prototyp des damals weltgrößten Passagierflugzeugs. Als sich der Jumbojet Boeing 747 in die Luft erhob, war klar, dass auch die Flughafenlöschfahrzeuge mitwachsen mussten. Mehr Löschwasser, mehr Schaummittel, größere Pumpen und schneller am Einsatzort, so lauteten die Anforderungen. Internationale Vorgaben schreiben die Eingriffszeit vor. Innerhalb von nur zwei bis drei Minuten musste der Löschangriff an jedem Ort des Geländes erfolgen.

Rekordverdächtig

Den Weltrekord als schnellstes Feuerwehrauto schaffte am 15. Juni 1994 ein brandneues Flugfeldlöschfahrzeug am Münchner Flughafen. Unter Aufsicht der Gutachter beschleunigte der 1000 PS starke MAN aus dem Stand auf 80 Stundenkilometer in nur 21,1 Sekunden. Seine Spitzengeschwindigkeit lag bei 140 Stundenkilometer. Dafür befuhr das praxisgerecht vollbeladene und 38,38 Tonnen schwere Einsatzfahrzeug die Start- und Landebahn dreimal in beide Richtungen, um störenden Windeinfluss auszugleichen.

Unter der futuristisch gestylten Hülle des „Panther" des österreichischen Herstellers Rosenbauer stecken ein 2,9 Meter breites MAN-Fahrgestell sowie 13.500 Liter Wasser, 1500 Liter Schaummittel und 500 Kilogramm Löschpulver.

Große Anforderungen an Flughafen-Löschfahrzeuge

Daraus leiten sich hohe Anforderungen an die Konstrukteure dieser sehr speziellen Fahrzeuge ab: Schnelle Beschleunigung und hohe Geschwindigkeiten bedingen sehr leistungsstarke Motoren. Bis zu 1400 PS sind die Regel. Starke Pumpen mit 6000 bis 10.000 Litern pro Minute sollen die großen Löschmittelmengen innerhalb weniger Minuten ausstoßen. Die Pumpe treibt deshalb ein eigener Motor mit etwa 500 PS an. 40 bis 52 Tonnen bringen die Vierachser auf die Waage, um bis zu 20.000 Liter Wasser und Schaummittel mitzunehmen. Allradantrieb ist gefordert, um auch Unglücksstellen abseits befestigter Wege zu erreichen. Auf eine einzige Einsatzkraft ist die Bedienung dieses Fahrzeugs ausgelegt: Sie fährt und steuert die beiden Wasserwerfer mit Joysticks.

Nicht jeder Flughafen braucht solche Löschriesen. Je nach Größe der Flugzeuge legt ein international gültiges Regelwerk fest, wie viel Löschmittel jeweils vorhanden sein muss. Manchmal reicht auch mal ein kleines und schnelles Fahrzeug aus.

Große Feuer „ausblasen“

81

Auch Strahltriebwerke von Kampfflugzeugen löschen Feuer

Tief Luft holen, die Lippen spitzen und kräftig blasen. So löschen wir normalerweise eine Kerze. Nach gleichem Prinzip funktioniert der Turbolöscher. Auf einem Lastwagenfahrgestell werden ein oder zwei Triebwerke von ausrangierten Kampfjets montiert. Ihr Abgasstrahl reißt das eingespritzte Wasser fein vernebelt mit hohem Druck auf weite Entfernung mit. Bei diesem Aerosol-Löschverfahren bindet die vergrößerte Oberfläche der Wassertröpfchen mehr Wärme.

Mit Strahltriebwerken von Kampfjets Feuer löschen

Weltweite Bekanntheit erlangten Turbolöscher, als ungarische Einsatzkräfte nach dem zweiten Golfkrieg 1991 damit in Kuwait erfolgreich brennende Ölquellen bekämpften. Bewährt hat sich diese Technik auch zum Kühlen von Produktionsanlagen in der chemischen Industrie,

Etwa 150 Meter weit reicht der Löschstrahl mit dem in den Abgasstrom des Flugzeugtriebwerks eingespritzten Wasser.

Ein Flugzeugtriebwerk bläst aus sicherer Entfernung Feuer in Chemieanlagen aus. Für dieses Löschprinzip baute sich die Werkfeuerwehr Schwarze Pumpe in Brandenburg einen Turbolöscher.

dem Niederschlagen austretender Dämpfe und Gase oder dem Auftauen eingefrorener Produktionsanlagen. Erfolgreich verliefen auch Forschungsvorhaben zur Überdruckbelüftung und Abkühlung der Brandgase in langen Straßen- und Schienentunneln.

Die Idee stammt aus den 1980er-Jahren

Für Havarien auf Gas- und Ölfeldern hatte bereits 1980 das renommierte Institut der Feuerwehren der DDR in Heyrothsberge dieses Verfahren entwickelt und erprobt. Dafür montierten sie das Strahltriebwerk eines Flugzeugs und Kerosintanks auf ein Fahrgestell. Die Feuerwehr des Gaskombinats „Schwarze Pumpe“ bei Hoyerswerda stellte 1984 ein aus einem IFA W50-Fahrgestell und einem Triebwerk eines MIG 17-Kampfjets selbst gebautes Abgas-Löschfahrzeug in den Dienst. Jahre später montierten sie die Anlage auf ein MAN-Fahrgestell.

Seit Mitte der 1990er-Jahre setzen einige Werkfeuerwehren der deutschen chemischen Industrie diese Turbolöscher ein. Die beiden Strahltriebwerke vom Typ Larzac 04C trieben zuvor den Alpha Jet der Bundeswehr an. Die Reichweite des vom Abgasstrom mitgerissenen Wassernebels liegt bei etwa 150 Metern und bedeckt eine Fläche von 3500 Quadratmetern. 8000 Liter Wasser werden dabei je Minute mit dem Abgasstrom zerstäubt. Etwa 2500 Liter Kerosin reichen für den zweistündigen Volllastbetrieb der Triebwerke aus.

Hoch hinaus

82

Rettung mit der Drehleiter bis zum achten Stock

Wenn ein Kind ein Feuerwehrfahrzeug malt, zeichnet es meistens eine Drehleiter. Diese rettet bei einem Feuer das Kind aus dem Fenster, löscht den Brand von oben und holt die ängstliche Katze aus dem Baum. Die Drehleiter gilt als das klassische Einsatzfahrzeug schlechthin. Ihre Aufgabe ist die Rettung von Menschen oder die Brandbekämpfung.

Bis vor Kurzem unverzichtbar im eng bebauten Ortskern von Murnau war die DL 18. Metz lieferte sie 1963 auf einem Mercedes-Benz-Fahrgestell.

Der Normbegriff der in Deutschland am häufigsten eingesetzten DLAK 23/12 klingt kryptisch. DL steht für Drehleiter, das A für Automatik, weil die Leiter mehrere Bewegungen wie drehen, ausfahren, aufstellen oder neigen gleichzeitig vornehmen kann. K weist auf den Rettungskorb hin. Bis in die 1970er-Jahre war der Fahrzeugname noch selbsterklärend. Damals stand noch die Zahl 30 für die Leiterlänge von 30 Metern. Allerdings stellte diese keine praktische Angabe dar, denn der Leiterpark fährt nicht senkrecht nach oben aus, sondern legt im spitzen Winkel an einem Gebäude an. Deshalb ist die Bezeichnung 23/12 informativer: Bei einem seitlichen Abstand von 12 Metern zum Gebäude wird eine Höhe von 23 Metern erreicht. Das entspricht dem achten Stock an einem Haus.

Bei 68 Metern ist Schluss

Die höchste Drehleiter in Deutschland kommt auf 42 Meter. 2017 lieferte der weltbekannte Hersteller Magirus aus Ulm sie an die Berufsfeuerwehr Rostock. In einigen ostdeutschen Städten stellen die Plattenbausiedlungen die Einsatzkräfte vor besondere Herausforderungen, die sich nur mit Leiterlängen um die 40 Meter lösen lassen. Das ist aber noch nicht die höchste Drehleiter weltweit. Den Rekord hält aktuell Magirus mit

68 Metern. Die Kunden für diese Fahrzeuge finden sich nicht in Europa, sondern vor allem in asiatischen und südamerikanischen Städten.

Leitern haben bei der Feuerwehr eine lange Tradition

Als älteste fahrbare, ausziehbare und drehbare Leiter gilt die Konstruktion des Franzosen Edouard Regnier aus dem Jahr 1802. Seitdem hat die Drehleitertechnik viele bahnbrechende Entwicklungen durchlaufen, wie maschineller Antrieb des Fahrgestells und der Leiterbewegungen, Umstellung von Holz auf Stahl für den Leiterpark, Montage des Rettungskorbs, computergestützte Bedienung und Überwachung der Leiterbewegungen und die Erweiterung des Arbeitsbereiches durch einen abwinkelbaren Korbarm. Eine weltweit führende Rolle nehmen zwei deutsche Firmen ein: Magirus aus Ulm und Rosenbauer aus Karlsruhe (vor 2015 unter dem Firmennamen Metz).

Ein paar Eckpunkte zur Technik von Drehleitern: Innerhalb von 90 Sekunden muss sie abgestützt, aufgerichtet, voll ausgefahren und, um 90 Grad gedreht, einsatzbereit sein. Drei Einsatzkräfte rücken mit dem Fahrzeug aus. Das darf maximal 16 Tonnen schwer sein, weil die Feuerwehraufstellflächen auf dieses Gewicht ausgelegt sind.

Mit dem abwinkelbaren Korbarm erreicht die DLAK 23/12 Dachgauben oder Flächen hinter Mauervorsprüngen.

Wann ein Hochhaus ein Hochhaus ist

Die deutsche Bauordnung unterscheidet „hohes Haus" und „Hochhaus". Das hohe Haus hat bis zu acht Vollgeschosse. Da reicht ein Treppenhaus als baulicher Rettungsweg aus. Ist das Gebäude höher, also ein Hochhaus, müssen zwei baulich getrennte Treppenhäuser vorhanden sein. Das erklärt, warum bei Feuerwehren die Drehleitern vom Typ DLAK 23/12 am häufigsten vorkommen und höhere Leitern die absolute Ausnahme darstellen. Die DLAK 23/12 kann noch am achten Stock anleitern und stellt im Fall eines unbenutzbaren Treppenhauses den zweiten Rettungsweg sicher.

Drehleitern in niedriger Bauweise

83

Der „Flachmann" der Feuerwehr

Eine Niederbaudrehleiter aus der ersten Serie von 1980 für die BF München lief als Gebrauchtfahrzeug von 1995 bis 2009 bei der FF Siegertsbrunn.

Niedriger, schmäler, wendiger – mit dieser Anforderung kam die Münchner Feuerwehr in den 1970er-Jahren auf den Drehleiterproduzenten Magirus zu. Im Lauf der Jahre hatte die Bauhöhe der Drehleitern zugenommen, denn bei den Frontlenkerfahrgestellen lag der Leiterpark über dem Fahrerhaus. Mit ihrer normgerechten Höhe von 3,25 Metern passten die Fahrzeuge in manchen Städten aber nicht mehr durch die Stadttore und kamen auch nicht mehr durch Durchfahrten in Hinterhöfe. Zudem waren manche Feuerwehrgerätehäuser zu niedrig gebaut, um die immer höher gewordenen Drehleitern unterzustellen.

Die Lösung von Magirus sah vor, das Fahrerhaus nicht wie üblich über der Vorderachse und über dem Motor zu platzieren. Es rutsche nach vorne unten vor die Vorderachse. Positiv für die Mannschaft war der niedrige Einstieg. Diese Bauform sorgte für Spitznamen: „Flachmann" lautete einer, „Dackel" der andere.

Die FF Gerlingen erhielt 1986 eine der 14 von Metz gebauten Drehleitern mit nach hinten abgelegtem Leiterpark.

Gleich von Beginn an ein Erfolg

1979 übergab Magirus zwei Prototypen der sogenannten DLK 23-12 nB (nB steht für niedrige Bauart) an die BF München zur intensiven Erprobung und auf der Weltleitmesse für Feuerwehren, der Interschutz 1980 in Hannover, feierte das nur 2,85 Meter hohe und 2,35 Meter breite Fahrzeug seine Weltpremiere. Die Resonanz war überwältigend. München erhielt 12 Wagen. Feuerwehren auf fast allen Kontinenten schlossen sich an. Magirus entwickelte die Niederbaudrehleiter immer weiter. Dessen vierte Generation präsentierte sie 35 Jahre später, wieder in Hannover auf der Interschutz 2015. Und wiederum setzte die BF München die Initialzündung mit der Bestellung von 15 DLAK 23/12 GL nB.

Der „Soforteinstieg" setzte sich nicht durch

Metz, der andere deutsche Drehleiterhersteller mit Weltruf, konterte 1980 auf derselben Messe mit einer Konstruktion, bei der der Drehschemel gleich hinter dem Fahrerhaus montiert und der Leiterpark schräg nach hinten abgelegt wurde. Damit war der Rettungskorb vom Boden aus erreichbar und gab die Bezeichnung SE für Soforteinstieg vor. Allerdings blieb das Interesse sehr gering. Bis 1987 verkaufte Metz nur 14 DLK 23-12 SE, alle an deutsche Feuerwehren.

Der Trick mit dem Knick

84

Teleskopmaste als Alternative zur Drehleiter

In den 1960er-Jahren tauchte aus Amerika und Großbritannien eine Alternative zur Drehleiter auf: die Teleskopmastbühne. Sie konnte allerdings jahrzehntelang bei deutschen Feuerwehren nicht Fuß fassen. Zu schwer, zu schwerfällig, zu langsam und wegen der fehlenden Leiter nicht für die Rettung einer größeren Personengruppe geeignet, lauteten die Vorbehalte.

Die Befürworter konterten: Dank des Gelenkarms kann die Bühne über Vorsprünge hinwegreichen. Der Korb ist größer, hat eine höhere Traglast und ist mit Anschlüssen für Strom, Wasser, Luft und Hydraulik ausgestattet. Über die Jahre haben sich beide Fahrzeugkonzepte angenähert. Abwinkelbare Korbarme und tragfähigere Körbe erweiterten den Einsatzwert der Drehleiter heute erheblich. Am Teleskopmast ermöglicht eine seitlich angebrachte Leiter den Abstieg vom Korb. Weil die Maste Rettungshöhen von über 50 Metern erreichen und eine große Reichweite zur Seite haben, findet man sie vor allem bei Werkfeuerwehren und bei einigen Großstadtfeuerwehren.

52 Meter Rettungshöhe und 21 Meter seitliche Ausladung lauten die Daten der für die Arbeit an den Großgeräten im Braunkohlentagebau gebauten TMB 52.

Die „große Werkzeugkiste“

85

Rüstwagen für die schwere technische Hilfeleistung

Schläuche, Pumpe oder Löschwasserbehälter sucht man vergebens im Rüstwagen. Stattdessen findet man hydraulische Rettungsgeräte, Hebekissen, Rüstholz, Greifzug oder Kabeltrommeln, denn Rüstwagen rücken zur technischen Hilfeleistung bei Verkehrs- oder Bauunfällen, Gebäudeeinstürzen, Ölschäden oder heftigen Unwettern aus.

Merkmale eines Rüstwagens sind sein Allradantrieb, der vom Motor angetriebene Stromerzeuger, die eingebaute Seilwinde und der Lichtmast. Zur Besatzung gehören drei Einsatzkräfte. Da sie früher die einzigen Fahrzeuge mit Lichtmast und Stromerzeuger waren, übernahmen sie die großflächige Ausleuchtung von Einsatzstellen. Rüstwagen standen in der Regel bei Stützpunktfeuerwehren, oftmals bei der Kreisstadtfeuerwehr oder in der Nähe von Autobahnauffahrten. Häufig mussten die Einsatzkräfte damit weite Strecken zu schweren Verkehrsunfällen mit Personenwagen, Omnibussen, Lastwagen oder Zügen zurücklegen.

Das HLF löste Rüstwagen vielfach ab

Die Norm unterschied drei Größen: RW 1 (bis 7,5 t, später 9 t, zulässiges Gesamtgewicht), RW 2 (bis 14 t) und RW 3 (bis 18 t). Den großen RW 3 leisteten sich nur wenige Berufsfeuerwehren. RW 1 stellte der Katastrophenschutz in großer Stückzahl zur Verfügung und manche Bundesländer rüsteten damit ihre Stützpunktwehren aus. Die größte Verbreitung fand der RW 2.

Da immer mehr Feuerwehren mit modernen Hilfeleistungslöschfahrzeugen einen hydraulischen Rettungssatz zur Hilfeleistung bei Verkehrsunfällen erhielten, nahm die Bedeutung der Rüstwagen ab. Seit 2002 gibt es daher nur noch einen Typ mit dem Namen „Rüstwagen“. Die Zugkraft seiner Winde beträgt 50 Kilonewton, die Leistung des Generators 22 Kilovoltampere.

Zugleich erlaubte die Norm zwei Bauformen: zum einen die herkömmliche Ausführung, bei der alle Geräte in Halterungen im Aufbau verstaut sind; zum anderen eine Bauform, bei der eine Ladebordwand einen Geräteraum im Heck verschließt. Ein Teil der Beladung lagert auf Rollwagen, die zum Einsatzort geschoben werden.

Das Seilmaul der Winde ist unter der Stoßstange zu erkennen, der Lichtmast an der Stirnseite des Aufbaus. Das sind ebenso wie das Fahrerhaus für drei Einsatzkräfte und der Allradantrieb die Merkmale eines Rüstwagens.

Der Rollwagen mit dem hydraulischen Rettungssatz steht auf der Ladebordwand zum Einsatz bereit. In dem Geräteraum über der Hinterachse befindet sich die Schalttafel für den Stromerzeuger.

A, B, C – Gefahrgutfahrzeuge

„Deine Feuerwehr auch im Umweltschutz"

86

Mit diesem Slogan informierten die Feuerwehren zur Brandschutzwoche 1987 plakativ die Bevölkerung über eine Aufgabe, die seit den 1960er-Jahren immer mehr an Bedeutung gewann. Die Bekämpfung von Ölschäden stellte damals den ersten Schritt zum Schutz der Umwelt dar. Denn 1 Liter Mineralöl verseucht 1.000.000 Liter Grundwasser. Da Chemikalien in Abhängigkeit ihrer Konzentration die Gesundheit von Mensch und Tier sowie die Umwelt bedrohen können, ergriffen die Feuerwehren die Initiative zur Soforthilfe. Seit den 1980er-Jahren erhielten immer mehr Feuerwehren Gerätewagen-Gefahrgut (GW-G) in unterschiedlicher Größe. Sie decken ein großes Gefahrenspektrum ab, das von A = atomaren oder B = biologischen oder C = chemischen Stoffen ausgehen kann.

Übersichtlich verstaut und leicht zu entnehmen ist die sehr umfangreiche Beladung eines Gerätewagens-Gefahrgut.

Messtechnik, Schutzkleidung und Atemschutzgeräte transportiert der Gerätewagen-Atem-/Strahlenschutz, den der Freistaat Bayern einigen Wehren zur Verfügung gestellt hat.

Optimale Ausrüstung für das ganze Spektrum

Mehr als 1000 Geräte sind in einem Gerätewagen zur Bekämpfung eines Gefahrgutunfalles untergebracht:

- Schutzkleidung: Giftige und ätzende, sowie radioaktive und biologische Stoffe gefährden die Gesundheit der Einsatzkräfte. Spezielle Anzüge und Atemschutzgeräte schützen sie.
- Messgeräte: Welcher Stoff wird freigesetzt? In welcher Konzentration? Die Messgeräte helfen, die Gefahr einzuschätzen.
- Absperrmaterial: Die Gefahrenzone wird gekennzeichnet, damit dort niemand zu Schaden kommt.
- Abdichtmaterial: Um das Austreten von Gasen, Flüssigkeiten oder festen Stoffen einzudämmen, arbeitet die Feuerwehr daran, die Leckage abzudichten und zu verschließen.
- Pumpen: Das Gefahrgut wird in geeignete Auffangbehälter oder Tanks umgefüllt.
- Auffangbehälter: Behälter in verschiedenen Größen und aus verschiedenen Materialien sind auf dem GW-G verladen.

Der Gerätewagen transportiert viel Material. Im Einsatz kommt eine ganze Flotte an Fahrzeugen hinzu wie Einsatzleitwagen, Rüstwagen und Löschfahrzeuge. Diese bringen auch die im Umgang mit Chemikalienschutzanzügen geschulten Einsatzkräfte mit zum Einsatzort.

Feuerwehr im Rettungsdienst

Rettungsdienstfahrzeuge in Rot statt Weiß

87

Ziemlich genau 4,4 Millionen Einsätze zählte die Statistik des Deutschen Feuerwehrverbandes für das Jahr 2022. Der zweite Blick auf die Zahlen offenbart Überraschendes: Nur 1,6 Millionen Einsätze entfielen auf die typischen Feuerwehraufgaben. Den viel größeren Teil nehmen die Rettungsdiensteinsätze ein. Diese konzentrieren sich vor alle auf Nordrhein-Westfalen und die Stadtstaaten Berlin, Bremen und Hamburg. Das hat historische Gründe. In der Nachkriegszeit beauftragten die britischen Besatzungsmächte die Gemeinden mit dem Rettungsdienst. Diese siedelten diese Aufgabe bei der Feuerwehr an.

Daher tragen die Rettungsdienstfahrzeuge in diesen Regionen in der Regel den Namen der Feuerwehr auf der Tür und zeigen eine rote oder leuchtrote Lackierung, während andernorts Hilfsorganisationen wie ASB, DRK oder BRK, JUH oder MHD und private Anbieter die Hauptlast des Rettungsdienstes tragen. Zudem gehört bei vielen Berufsfeuerwehren zwischen Kiel und München der Rettungswagen zum Löschzug.

Einsatzfahrzeuge im Rettungsdienst

Man unterscheidet im Rettungsdienst zwischen folgenden Fahrzeugen: **Krankentransportwagen KTW:** für den Transport erkrankter Personen. Dieser ist selten zeitkritisch und daher nutzen KTW nur in Ausnahmefällen Blaulicht und Martinshorn.

Rettungswagen RTW: für Notfalleinsätze mit einer Ausrüstung zur Herstellung der Transportfähigkeit des Patienten und seiner medizinischen Versorgung während der Fahrt.

Notarztwagen NAW: Hier gehört der Notarzt fest zur Besatzung. Er kümmert sich bei akuter Lebensgefahr um den Patienten. Dafür steht ihm im NAW eine erweiterte medizinische Ausstattung zur Verfügung.

Notarzteinsatzfahrzeug NEF: Dieses transportiert den Notarzt mit seinem Equipment zum Einsatzort. Dort trifft er zur Patientenversorgung mit einem RTW zusammen.

Großraumrettungswagen GRTW: Dies sind Omnibusse zur Versorgung einer größeren Anzahl an Patienten. Oft dienen sie Personen als Notunterkunft, wenn sie während eines Feuerwehreinsatzes ihre Wohnungen verlassen müssen.

Die Aufschrift erklärt es: Um den Rettungsdienst kümmert sich in Dormagen die Feuerwehr. Zum Fuhrpark gehört dieser Krankentransportwagen KTW.

Einen Behandlungsplatz und 23 Sitze für gehfähige Patienten baute die Berufsfeuerwehr Augsburg in einen ehemaligen Linienbus ein.

Rollende Kommandozentrale

Unterstützung für den Einsatzleiter

88

An der Einsatzstelle laufen alle Informationen beim Einsatzleiter zusammen. Die Besatzung des Einsatzleitwagens unterstützt ihn bei seiner Führungsaufgabe. Im Fahrzeug sind Funkgeräte eingebaut und sie bieten – je nach Größe – Platz für Besprechungen.

Kommandowagen KdoW: Mit einem Personenwagen oder Kleinbus kommen der Zugführer und der Einsatzleiter an die Einsatzstelle. Insbesondere bei vielen Berufsfeuerwehren sowie bei größeren Freiwilligen Feuerwehren gehört der KdoW zum Lösch- und Rüstzug.

Einsatzleitwagen ELW 1: Kleinbus mit einem Arbeitsplatz für den Funker und den Führungsassistenten. Eingebaut sind Funkgeräte und Telefone. Ein ELW 1 gehört zur Grundausstattung in vielen größeren Gemeinden.

Einsatzleitwagen ELW 2: Der Kofferaufbau des Lastwagens gliedert sich in einen Kommunikationsraum mit umfangreicher Fernmeldeausstattung sowie einen Besprechungsraum. Diese Fahrzeuge beschaffen in der Regel die Landkreise und kreisfreie Städte für Großeinsätze.

Der Kofferaufbau des ELW 2 enthält einen Funkraum mit vier Arbeitsplätzen und in einen Besprechungsraum.

Lange Leitung

89

Schlauchwagen sichern die Wasserversorgung

Am Anfang standen einfache, von Hand gezogene Haspeln, von denen die Schläuche abrollten. Um Leitungen vom Hydranten zur Pumpe und von dort zur Brandstelle zu verlegen, gehörten sie zur Ausstattung fast jeder Wehr. Größere Wehren hatten Schlauchwagen in ihrer Remise, um Mannschaft und Schlauchmaterial zu transportieren. Mit dem Ausbau des Hydrantennetzes nahm der Bedarf an Schlauchwagen ab.

Da das Auswerfen und Kuppeln einzelner Schläuche Zeit kostet und viele Einsatzkräfte bindet, transportieren Schlauchwagen die Schläuche bereits aneinandergekuppelt. Sie liegen in Kassetten im Heck, damit sie bei langsamer Fahrt aus dem Aufbau herauslaufen. Dabei überwacht eine am Heck auf einem Trittbrett stehende Einsatzkraft das Auslegen. Die Norm kannte nach der Länge der Schlauchbeladung den SW 1000 und SW 2000. Zur Beladung gehört eine Tragkraftspritze, die an der Wasserentnahmestelle ausgeladen oder als Verstärkerpumpe in die Leitung eingesetzt wird.

In den Kassetten stecken 2000 Meter B-Schlauch. Im linken Geräteraum ist die Tragkraftspritze eingeschoben und auf dem Dach lagert das Gestänge der Schlauchüberführung.

Kiste, wechsle dich!

90

Wechsellader transportieren verschiedene Aufbauten

Einen Schlauchwagen müsste man haben! Und einen großen Einsatzleitwagen und einen Atemschutzgerätewagen! Gut wäre auch ein Gerätewagen-Gefahrgut und ein Lastwagen für den Transport von Schaummittel, Sandsäcken, Rüstholz und vielen anderen Geräten, die an der Einsatzstelle benötigt werden. Für jede Einsatzaufgabe gäbe es ein Fahrzeug, doch das geht ins Geld – nicht nur bei der Anschaffung, sondern auch bei der Wartung der Fahrgestelle, obwohl diese Fahrzeuge nur sehr selten ausrücken. Außerdem müsste man größere Feuerwachen bauen, um alle Sonderfahrzeuge unterzustellen und hätte höheren Personalbedarf für ihre Besetzung.

Die Lösung für den Nachschub zwischen Gerätehaus und Einsatzstelle fand sich in der Transportwirtschaft. Zu Beginn der 1970er-Jahre führten die ersten Berufs- und Werkfeuerwehren das Wechselladersystem ein. Dabei sattelt ein Trägerfahrzeug den zum Alarmstichwort passenden Abrollbehälter auf, setzt ihn am Einsatzort ab und holt bei Bedarf den nächsten Aufbau von der Feuerwache.

Der hydraulische Haken zieht einen Abrollbehälter auf das Trägerfahrzeug. Hier ist es der Behälter mit dem Hochleistungslüfter.

Barkas, LO und W50

91

Womit man in der DDR Feuer löschte

Der Barkas B 1000 lief bei kleineren Wehren als KLF-TS 8 mit eingeschobener Tragkraftspritze. Obligatorisch zog er den Schlauchhaspelnachläufer mit 80 Metern B-Schlauch.

Als im November 1989 die Feuerwehren der BRD und der DDR nach jahrzehntelanger Trennung wieder in Kontakt kamen, stellten sie schnell fest: die Zusammenarbeit klappt. Die Technik hatte sich nicht weit auseinanderentwickelt. Hüben wie drüben gab es die Storz-Kupplung, Schläuche in den Größen A, B, C und D und mit LF 8, TLF 16 und DL 30 vergleichbare Fahrzeugtypen. Die DDR-Feuerwehrfahrzeuge präsentierten sich von der Ostseeküste bis ins Erzgebirge einheitlich in Konstruktion, Ausführung, Aussehen und Beladung. Denn es herrschte das Prinzip der zentralistisch beschafften und gesteuerten Zuführung der Einsatztechnik. Eine Wahlmöglichkeit bestand für die Wehren vor Ort nicht.

Robust und langlebig

Löschfahrzeuge waren reichlich auf den in der DDR gebauten Nutzfahrzeugen vorhanden. Drehleitern fanden sich in den Kommandostellen F (der DDR-Begriff für berufliche Wehren) und größeren Freiwilligen Wehren. Rüstwagen fehlten dagegen landesweit. Sehr überschaubar stellte sich die Typenvielfalt dar. Kleinlöschfahrzeug KLF-TS8 hieß das dem TSF vergleichbare Fahrzeug auf der Transporterbaureihe Barkas B 1000. Unverwüstlich, einfach, aber zweckmäßig sicherte der umgangssprachlich nur LO genannte Robur als LF 8-TS8 den Brandschutz. Mannschaft, Tragkraftspritze und Armaturen teilten sich den Platz auf der Ladefläche.

Größere Fahrzeuge wurden importiert

Der IFA W50 war jahrzehntelang der einzige Lastwagen aus DDR-Produktion und erhielt im VEB Feuerlöschgerätewerk Luckenwalde die Aufbauten als LF 16, TLF 16 und DL 30. Letztere lag in ihrer technischen Entwicklung weit hinter dem westlichen Gegenstück zurück. Die Nutzung des mit nur einer Person belastbaren Korbes wurde ab 1990 aufgrund neu geltender Unfallverhütungsvorschriften untersagt. Größere Fahrzeuge als den IFA W50 durfte die DDR aufgrund von Vereinbarungen im Rat für gegenseitige Wirtschaftshilfe nicht bauen. Daher importierte sie aus der damaligen ČSSR Großtanklöschfahrzeuge auf Tatra für den Einsatz in der Industrie, bei der Nationalen Volksarmee, auf Flughäfen und in den waldbrandgefährdeten Regionen.

Das typische Feuerwehrfahrzeug der DDR war der LO. Dieser 1974 als LF 8-TS8 gebaute LO 2002A hatte ein Vorbaupumpe unter der Kabine, während die Besatzung auf der Ladefläche saß.

Die Großtanklöschfahrzeuge TLF 32 musste die DDR aus derČSSR importieren. Dieser Tatra 148 von 1973 transportiert 6000 Liter Wasser und 600 Liter Schaummittel.

Wie vieles andere auch war die Farbgebung der Feuerwehrfahrzeuge in der DDR einheitlich geregelt. Diese DL 30 auf IFA W50 zeigt das Farbschema ab 1987: rot mit weißer Bauchbinde und roter Aufschrift.

Unter Strom

Hybridfahrzeuge sind keine neuere Erfindung

92

Alles war schon einmal da. Die aktuelle Diskussion, ob Diesel- oder Elektromotor, ist keineswegs neu. Bereits vor etwas mehr als 100 Jahren stritten sich führende Persönlichkeiten der Feuerwehr über den geeigneten Antrieb. Dampf, Benzin und Elektro hatten jeweils prominente Fürsprecher. Zur Wahl stand auch der benzin-elektrische Antrieb, der heute als Hybridantrieb diskutiert wird, allerdings nun im Omnibus und Lastwagen in der Kombination aus Diesel- und Elektromotor.

Vor 110 Jahren elektrisch unterwegs

In der Zeit vor dem Ersten Weltkrieg fand das System des Lohner-Porsche weite Verbreitung. Ferdinand Porsche entwickelte die in den Vorderrädern integrierten elektrischen Radnabenmotoren, die von großen Batterien unter der Fronthaube gespeist wurden. Von Porsche stammte auch der Mixt-Antrieb. Hier treibt ein Benzinmotor einen Generator an, der den

In den Vorderrädern der 1909 von Magirus an die Berufsfeuerwehr Essen gelieferten Leiter sitzen die Elektromotoren als Antrieb.

Strom für den Elektromotor erzeugt. Einer der Vorteile dieses Systems war, dass der Benzinmotor über einen zweiten Abtrieb die Feuerlöschpumpe antreiben konnte. Die Ära der elektrischen und benzin-elektrischen Antriebe lief bereits zum Ersten Weltkrieg wieder aus, denn der Benzinmotor bewährte sich und setzte sich im Nutzfahrzeugbau durch. Laut einer Aufstellung aus dem Jahr 1914 beschafften deutsche Feuerwehren seit Beginn des 20. Jahrhunderts 148 Fahrzeuge mit Elektroantrieb und 38 mit Mixtantrieb.

Blick in die Zukunft

Der weltgrößte Feuerwehrausstatter, die österreichische Firma Rosenbauer belebte die Diskussion wieder mit ihrem 2016 vorgestellten Concept Fire Truck (CFT). Die Konzeptstudie setzt auf Elektroantrieb. Die Berliner Feuerwehr und Rosenbauer vereinbarten eine Entwicklungspartnerschaft, um ab 2021 ein elektrisches Lösch- und Hilfeleistungsfahrzeug auf Basis des CFT zu erproben. Zu den Zielen zählen neben der Reduktion der Schadstoffe und der Geräuschemissionen auch Betriebssicherheit und Ergonomie. Der Elektroantrieb ermöglicht eine Abkehr von der traditionellen Lastwagenbauweise mit Rahmen, Motor, Getriebe, Antriebswellen und Achsen. Feuerwehren auf mehreren Kontinenten haben sich bereits für die Beschaffung eines elektrischen Löschfahrzeuges entschieden.

Der 2016 vorgestellte Concept Fire Truck von Rosenbauer stellt die Basis für ein Hybrides Elektrolöschfahrzeug dar, das ab 2021 für ein Jahr in Berlin zur Erprobung lief.

Rot ist nicht gleich Rot

RAL 3000 – RAL 3020 – RAL 3024

93

Das Feuerwehrauto ist rot – das weiß jedes Kind. Dem war aber nicht immer so. Als zu Beginn des letzten Jahrhunderts die Personen- und Lastwagen mehrheitlich in grauer und schwarzer Farbe lackiert waren, fiel die Wahl auf die auffallende rote Farbe. Die Lackierung in dem als „Feuerrot“ benannten Farbton RAL 3000 fand 1937 ein jähes Ende. Mit der Eingliederung der Feuerwehren in die Polizei legte ein Runderlass fest: Der Aufbau ist in dunkelgrün glänzend zu lackieren. Das änderte sich 1942 dann auf dunkelgrau matt. Feuerwehrfahrzeuge sollten nun nicht mehr auffallen. Engpässe in der Rohstoffversorgung zwangen die Hersteller bereits ein Jahr später, eine aus vorhandenen heimischen Materialien bestehende dunkelgelbe Farbe zu verwenden.

Nach dem Zweiten Weltkrieg wieder rot

Nach Kriegsende fand dieser Farbwirrwarr ein schnelles Ende. Die Feuerwehren kehrten schnell zu dem gewohnten Rot zurück und lackierten ihre Fahrzeuge, die die Kriegszeit überstanden hatten, zügig um. Vereinzelt liefen sie aber weiter in grün oder erhielten bei ihrer Restaurierung das Farbkleid, das sie in ihrem Herstellungsjahr getragen hatten.

Mit zunehmender Verkehrsdichte und der Vorliebe für bunte Lackierungen verloren die Einsatzfahrzeuge in der Nachkriegszeit an Wahrnehmbarkeit. Am Aufbau setzten sich Rollläden durch, deren Material silberfarben ist. So bevorzugten ab Anfang der1970er-Jahre viele Wehren eine leuchtrote Lackierung RAL 3024. Unbestritten fielen die Wagen so viel mehr auf, das trieb aber die Kosten in die Höhe.

Reflektierende Folien erhöhen nachts die Signalwirkung

In den späten 1990er-Jahren kam die Konturmarkierung mit reflektierenden Folien – zumeist in Gelb und Weiß – hinzu. Einsatzfahrzeuge werden so in der Nacht viel besser gesehen. Die Aufbauhersteller und viele Wehren entwarfen individuelle Designs, die die Aufgabe der Warnwirkung mal mehr, mal weniger gut erfüllen. Rot ist übrigens nicht gleich rot, denn in Deutschland dürfen Feuerwehrfahrzeuge in folgenden Rottönen lackiert oder mit Folien beklebt werden:

- Feuerrot RAL 3000
- Verkehrsrot RAL 3020
- Leuchtrot RAL 3024
- Leuchthellrot RAL 3026

1942, im Jahr der Auslieferung, war die dunkelgrüne Farbe der Feuerschutzpolizei vorgeschrieben. So stand das Löschfahrzeug LF 15 jahrzehntelang im Einsatz.

Um im dichten Verkehr und bei trübem, regnerischem Wetter besser aufzufallen, bestellten einige Feuerwehren die leuchtrote Lackierung RAL 3024.

Mach den Weg frei!

94

Blaulicht und Martinshorn gebieten Wegerecht

Neben der roten Farbe gehören Blaulicht und Martinshorn zu den Merkmalen eines Feuerwehrfahrzeuges. Beide gibt es seit den 1930er-Jahren, um im Straßenverkehr die dringende Einsatzfahrt anzuzeigen. In Vorbereitung auf den Zweiten Weltkrieg wählte man für das Signallicht eine Farbe, die aus der Luft von feindlichen Flugzeugen schlecht zu sehen war. Anfangs war es nur eine blaue Scheibe vor einem Scheinwerfer. Später kamen Rundumkennleuchten auf, die von allen Seiten wahrzunehmen sind. Heute warnen weithin wahrnehmbare LED-Leuchten die Verkehrsteilnehmer.

Die Signal-Instrumenten-Fabrik Max B. Martin im vogtländischen Markneukirchen entwickelte das Einsatzhorn in der Tonfolge a – d. Daher stammt der umgangssprachliche Begriff Martinshorn.

Tipp der Feuerwehr

Wenn Sie ein Einsatzfahrzeug mit Blaulicht sehen und ein Martinshorn hören, seien Sie bitte besonders aufmerksam im Straßenverkehr. § 38 StVO ordnet an: „Alle übrigen Verkehrsteilnehmer haben sofort freie Bahn zu schaffen."

Blaulichter, Martinshörner und ein Lautsprecher sind auf dem Fahrerhausdach montiert.

Viel Chrom und Glitzer

95

Faszination amerikanische Feuerwehrfahrzeuge

Der Tillermann steuert aus seinem Häuschen die hintere Achse des Aufliegers. Eingebaut sind eine leistungsstarke Pumpe und ein Löschwassertank.

Ist es der üppige Chromschmuck, sind es die außergewöhnlichen Lackierungen in Weiß, Grün oder Schwarz oder macht es einfach nur ihre Größe aus? Von amerikanischen Feuerwehrfahrzeugen geht eine ganz besondere Faszination aus.

Was die Fahrzeuge unterscheidet

Die Unterschiede zwischen den Einsatzfahrzeugen aus Nordamerika und Europa sind enorm. Das beginnt beim Fahrgestell. Während in Europa Lkw-Großserienchassis einen Aufbau aufgesetzt bekommen, fertigen amerikanische Feuerwehrfahrzeughersteller dafür oftmals eigene Chassis an.

Unübersehbar ist die Vielfalt der Ausführungen. So gehören zu einem „Quint" Pumpe, Schläuche, Wassertank, eine tragbare Leiter und eine Drehleiter oder ein Gelenkmast. Die Pumpen sind mittig eingebaut, weisen riesige chromblitzende Bedientafeln auf und leisten erheblich mehr, als man hierzulande gewöhnt ist: 1500 Gallonen (5678 l) pro Minute. Die Schläuche liegen traditionell gekuppelt in einem Schlauchbett auf dem Dach des Löschwasserbehälters. Was im täglichen Einsatzdienst wohl praktischer ist? Die vielen Türchen an den Geräteräumen oder ein großflächiger Rollladen? Inzwischen setzten sich auch in Amerika die Rollläden durch.

Ein besonderer Fahrzeugtyp ist die Tillered Aerial. Diese Bauform des Sattelschleppers mit nach hinten abgelegter Drehleiter ist etwa 20 Meter lang. Aber Dank des Steuermanns im Häuschen am Aufliegerheck, der die Hinterachse lenkt, ist das Gespann außerordentlich wendig. Zudem bieten amerikanische Straßen und die Baustruktur oftmals mehr Platz als historische, eng bebaute europäische Städte.

Design ist wichtig

Ganz besonderen Wert legen die Amerikaner auf die Optik ihrer Fahrzeuge. Bunt wie ein Regenbogen präsentiert sich die Farbpalette. Rot mag zwar vorherrschen, andere Farben sind aber auch sehr beliebt: Zu sehen sind nicht nur grelle Lackierungen in neongelb, sondern auch weiß oder schwarz. Um im Straßenverkehr aufzufallen, gibt es an den Fahrzeugen unzählige Lampen, Blinker, Blitzer und Kennleuchten in Rot und Blau. Stellt sich nur die Frage: Was steht bei den Amerikanern höher im Kurs – die Optik oder die Funktionalität?

Viel Chrom glitzert an dem 2012 gebauten International Lonestar, der 9500 Liter Wasser dabei hat und dessen Pumpe 5700 Liter pro Minute fördert.

Das fliegende Auge

96

Feuerwehr-Flugdienst auf der Suche nach verdächtigen Rauchzeichen

Um Brände in den weitläufigen Heide- und Waldflächen Niedersachsens rechtzeitig zu entdecken und die Einsatzfahrzeuge an die Brandstellen heranzuführen, baute der Landesfeuerwehrverband einen Feuerwehr-Flugdienst auf. Die 1962 gegründete Einrichtung setzte ab 1969 vier eigene Hubschrauber ein. Aktuell werden zwei Cessna 206 mit Unterstützung der öffentlichen Versicherer und des Landes Niedersachsen betrieben. Sie sind in Hildesheim und Lüneburg stationiert. Die Besatzung setzt sich aus Piloten, Flugbeobachter und Förster zusammen.

Diese in Deutschland einmalige Einrichtung eines Landesfeuerwehrverbands dient als „fliegendes Auge" des Einsatzleiters. Er erhält aus der Luft einsatzrelevante Informationen über den Verlauf des Feuers und die geeigneten Zufahrtswege. Auch in einigen anderen Bundesländern gibt es eine Luftbeobachtung. So stellt die Luftrettungsstaffel Bayern Piloten und Flugzeuge bereit.

Mit ihren beiden Cessna 206 geht der Feuerwehr-Flugdienst Niedersachsen auf die Suche nach Brandstellen in den großflächigen Heide- und Waldgebieten.

Einsatz auf dem Wasser

Retten, Löschen, Bergen und Schützen mit Feuerlöschbooten

Das Feuerlöschboot „Metropolregion Rhein Neckar" ist 23 Meter lang, 6,20 Meter breit und weist einen Tiefgang von 90 Zentimetern auf.

Was ist, wenn ein Schiff brennt oder Öl einen Fluss verschmutzt? Die Brandschutzgesetze sehen die Feuerwehr in der Pflicht zur Gefahrenabwehr auf den Gewässern. Dazu zählen die Menschen- und Tierrettung sowie die Bergung von Wasserleichen und Gegenständen. Große Feuerlöschboote sind für die technische Hilfeleistung bei Unfällen auf Schiffen und die Abwehr von Umweltverschmutzungen ausgerüstet. Die Besatzung bekämpft Brände direkt mit ihren leistungsfähigen Monitoren oder sie pumpt Wasser zu der in Ufernähe liegenden Brandstelle.

Eines der Feuerlöschboote ist die „Metropolregion Rhein Neckar". Ihre Zuständigkeit reicht auf dem Rhein von Flusskilometer 382 bei Rußheim bis 452 bei Rheindürkheim. Die ständige nautische Besatzung besteht aus zwei Schiffsführern mit Behördenpatent und Radarpatent. Je nach Einsatzauftrag kommen mindestens sechs Einsatzkräfte aus Mannheim, Ludwigshafen oder von der Werkfeuerwehr BASF hinzu. 13.000 Liter Wasser fließen pro Minute durch ihre Pumpen. 3200 Liter Schaummittel können bei Bedarf zugemischt werden.

Auf ins Museum

98

Wo Feuerwehrgeschichte lebendig wird

Eine Halle mit vielen Einsatzfahrzeugen, die Sammlung von Uniformen, Helmen, Ärmelabzeichen, Funkgeräten und frühen Löschrequisiten wie Löscheimern – so stellt man sich ein Feuerwehrmuseum vor. Meist bietet es den Besuchern aber viel mehr als nur eine Ausstellung zur Brandschutzgeschichte. An über 60 Orten in Deutschland haben Feuerwehren, Verbände, engagierte Feuerwehrhistoriker oder interessierte Privatpersonen ihre Schätze zusammengetragen und informieren über das Feuerwehrwesen. Oftmals bot es sich an, das alte Spritzenhaus oder die frühere Feuerwache so zu neuem Leben zu erwecken.

Über die Entwicklung der Uniformen und der Einsatzkleidung informieren viele Feuerwehrmuseen.

Bei den meisten Feuerwehrmuseen nimmt die Fahrzeugausstellung den größten Platz ein.

Von Aufklärung bis zu Mitmach-Sammlungen

Viele Museen haben einen starken lokalen Bezug. Sie zeigen die Geschichte ihrer Feuerwehr anhand von Urkunden und den bei ihnen früher eingesetzten Geräten und Fahrzeugen. Andere haben einen größeren Umgriff im Fokus, wie das Deutsche Feuerwehrmuseum in Fulda, dessen Träger der Deutsche Feuerwehr-Verband ist.

Die Gestalter der Ausstellungen konzentrieren sich nicht nur auf die Geschichte, sie möchten informieren und aufklären. Anfassen und ausprobieren ist an manchen Exponaten ausdrücklich erlaubt, damit die Besucher selbst erleben, wie mühsam früher die Arbeit an der Handdruckspritze war. Wo lauern Brandgefahren und wie kann man sich schützen? Was ist zu tun, wenn ein Feuer ausbricht? Auch darüber klären viele Museen ihre Besucher auf.

Werben für freiwillige Helfer

Der Feuerwehr ein Gesicht geben, indem Mitglieder über Einsätze und ihre Motivation zur Mitgliedschaft berichten, diesen Ansatz haben viele Museen in multimedialen Präsentationen umgesetzt. Denn nicht nur der Blick zurück in die Vergangenheit ist den Museen wichtig. Auch der Blick in die Zukunft gehört dazu, um junge Besucher für die Mitwirkung in der Feuerwehr zu begeistern.

Lebendige Geschichte in Ihrer Nähe

Besuchen Sie das Feuerwehrmuseum in der Nähe Ihres Wohnortes oder im Urlaub. Einen Überblick im Internet bietet die Homepage www.feuerwehrmuseen.de Erkundigen Sie sich vorab zu den Öffnungszeiten, Veranstaltungen und Sonderaktionen.

Aus 4738 Getränkekisten

99

Weltrekord für das größte Feuerwehrfahrzeug aus Bierträgern

4216 rote Getränketräger, 136 schwarze, 384 graue und für die Blaulichter zwei blaue Kisten ergeben, richtig zusammengefügt, ein Feuerwehrauto. Das stand im Frühjahr 2015 als überdimensionaler Werbeträger für das Feuerwehrfest zum 75-jährigen Bestehen im Bottroper Stadtteil Feldhausen.

Rund 30 Einsatzkräfte und sieben Jugendfeuerwehrmitglieder stapelten am 17. Januar 2015 innerhalb von 14,5 Stunden die Träger und setzten sie zu einem 15,57 Meter langen und 4,72 Meter breiten unübersehbaren Gebilde zusammen. Seine Höhe betrug 5,57 Meter. Dabei nutzten sie zwei Hebebühnen, um die mit Kabelbindern verbundenen Kästen zu montieren.

Als Lohn für mehrere hundert Stunden an Planungs- und Vorbereitungszeit und den anschließenden Aufbau erkannten das „Guiness Buch der Rekorde“ und das Rekord-Institut für Deutschland den Weltrekordversuch für das aus 4738 Getränkekisten und 16.400 Kabelbindern gebaute „Largest fire engine built out of beer crates“ an und nahmen es in ihre Verzeichnisse auf.

Der Größenvergleich mit dem Einsatzfahrzeug macht es deutlich: Fast 6 Meter ist der 2017 gebaute Werbeträger zum Feuerwehrfest hoch.

Die Feuerwehr zu Hause

100

Faszination der Fahrzeuge im Modell

Im Maßstab 1:87 ist das reich detaillierte Modell des Löschfahrzeugs mit seiner Beladung 8,5 Zentimeter lang und 3 Zentimeter hoch.

Feuerwehrfahrzeugmodelle sind maßstäblich verkleinerte Nachbildungen der Originalfahrzeuge. Der weit verbreitete Maßstab 1:87 stammt aus der Eisenbahnmodellwelt. In der Regel sind diese Modelle komplett aus Kunststoff gefertigt. Bei größeren – beispielsweise im Maßstab 1:50 – hat sich Metall durchgesetzt. Einige Hersteller führen kleinere Modelle im Maßstab 1:160 passend zur Eisenbahngröße N im Programm, andere produzieren im Maßstab 1:24.

Das Angebot ist riesig. Im Regal der Spielwarengeschäfte finden sich historische Einsatzfahrzeuge wie auch die aktuellen Ausführungen der Fahrgestell- und Aufbauhersteller. Neben der originalgetreuen Wiedergabe der Formen, begeistern Ausführungen mit vorbildgerechter Bedruckung, wie sie auch bei den Feuerwehren im Einsatz stehen.

Man kann die Modelle so sammeln, wie man sie im Laden kauft. Oder sie landen auf dem Basteltisch, wo Modellfahrzeuge akribisch nach eigener Vorstellung oder konkretem Vorbild entstehen. Am Schluss stehen sie staubgeschützt in der Vitrine oder bereichern liebevoll gestaltete Dioramen.

Feuerwehrbriefmarken

Ein unterschätztes Sammelgebiet

101

Das Motiv Feuerwehr ist in der Philatelie – also der Briefmarkenkunde – kein Randthema. So umfasst beispielsweise die bekannte Sammlung des ehemaligen Brandamtsrates F.-Theodor Spiegel aus Iserlohn, die im Deutschen Feuerwehrmuseum in Fulda aufbewahrt wird, 123 Aktenordner.

Man unterscheidet Sondermarken, die zu einem bestimmten Ereignis erscheinen und Freimarken, die der Frankatur der Postsendungen die-

nen. Die älteste bekannte Feuerwehrmotiv-Briefmarke aus dem Jahr 1893 stammt aus einer Freimarken-Ausgabe aus El Salvador.

Die Sondermarken zeigen alles, was das Feuerwehrherz begehrt. Meistens sind es historische oder moderne Einsatzfahrzeuge und Feuerwehrtechnik. Sehr oft wird auch an historische Brände von markanten Bauwerken wie Theatern und Kirchen oder von Schiffen sowie an Katastrophen wie Hochwasser oder spezielle Unglücke erinnert.

Dass die Sammlergilde wirklich weltumspannend ist, beweist die „Weltmeisterschaft der Feuerwehrphilatelie“, die im Jahr 2016 im oberösterreichischen Gmunden stattfand.

Ein interessantes Sammelthema: die Feuerwehrbriefmarken der Deutschen Post der DDR

Quellenangaben

Anonym, 1919: Eine Denkschrift des Münchener Feuerwehrkommandos über die Automobilisierung der Berufsfeuerwehr. In: Allgemeine Automobil-Zeitschrift Nr. 40a Band II. Berlin

BAYERISCHES STAATSMINISTERIUM DES INNEREN, 2005: Bauvorschrift TSA. München

BERLINER FEUERWEHR, 2025: Jahresbericht 2024. Berlin

DEUTSCHER FEUERWEHRVERBAND, 1993: DFV Feuerwehr-Jahrbuch 1993/94. Bonn

DEUTSCHER FEUERWEHRVERBAND, 2025: DFV Feuerwehr-Jahrbuch 2024. Berlin

DIN-Normenausschuss Feuerwehrwesen, 2018: Feuerwehrfahrzeug-Typenliste Stand 24.04.2018, Berlin

FISCHER Klaus, 2007: Das große Feuerwehr Typenbuch. München

FISCHER Klaus, 2009: Feuerwehr Typenbuch 1970-1989. München

FISCHER Klaus, 2009: Feuerwehr Typenbuch 1990 bis heute. München

GIHL Manfred, 1998: Geschichte des deutschen Feuerwehrfahrzeugbaus. Band 1. Stuttgart

GLÄSER Heinz, 2006: Wasser marsch in der DDR. Teltow. 2. Auflage

JÄGER Frank-Hartmut, 2001: IFA-Frontlenker aus Ludwigsfelde. Berlin

KIEFER Jürgen, 1993: Feuerwehrfahrzeuge in Amerika. Augsburg

KLOSS Lothar, 2015: Grundwissen für den Brandsicherheitswachdienst in Versammlungsstätten. Berlin

LANDESFEUERWEHRVERBAND NIEDERSACHSEN, Pressemeldung vom 01.06.2018: Arbeitsreiche Tage für den Feuerwehr-Flugdienst des Landesfeuerwehrverbandes Niedersachsen. Hannover

MIETHE Uwe, 2010: Der neue Bildatlas des DDR Straßenverkehrs. München

POLTHIER Konrad, 1996: Lexikon Brand- u. Explosionsschutz. Stuttgart

PRAGER Hans-Georg, 2011: florian 14: achter alarm!. Erfurt

ROKOSCHOSKI Karl, 1992: Der Schutzpatron Sankt Florian. Linz

ROSENBAUER, Presseinformation vom 15.11.2018: Concept Fire Truck passiert wichtigen Meilenstein auf dem Weg zur Serienreife. Leonding

ROTTER Wolfgang, 2018: Elektrisch betriebene Feuerwehrfahrzeuge. In: Jahrbuch Feuerwehrfahrzeuge 2019. Brilon

RUX Dieter, 2001: Die Tragkraftspritze. Berlin

SEEGERER Karl, 1971: Zurück zur einheitlichen Farbgebung für Feuerwehrfahrzeuge. In: brandschutz 8/1971. Stuttgart

SPECHT Stefan, 2007: Philatelie in der Feuerwehr. In: Feuerwehrchronik Nr. 3 (Newsletter herausgegeben von **KLAEDTKE Bernd** und **THISSEN Michael**). Grevenbroich

WESENIGK Heinz, 1990: Fachlexikon Brandschutz, Explosionsschutz. Berlin

WUCKE Bernd, 1995: Gebrochen ist des Feuers Macht: Ein Abriss zur Geschichte der Feuerwehr. Erlensee

Artikel in den Fachzeitschriften brandschutz, FEUERWEHR Retten Löschen Bergen, Feuerwehr Magazin, Feuerwehr in Sachsen

Homepages verschiedener Feuerwehren, Feuerwehrschulen, Feuerwehrverbände und Feuerwehrgerätehersteller

Brandschutzgesetze der einzelnen Bundesländer

Wikipedia

Das Bayerische Landesamt für Feuerschutz veröffentlichte zur Feuerschutzwoche 1968 eine Plakatserie.